Dr. Oetker

Familienstücke

Dr. Oetker

Familienstücke

Vorwort

„Heute Familienstücke".

Was der Bäcker von nebenan kann, können Sie ab sofort zu Hause auch.
Die leckeren quadratischen großen Kuchenstücke vom Blech, die jedermann
das Wasser im Munde zusammenlaufen lassen.

Einfacher geht's fast nicht mehr, den kleinen und auch den großen Kuchenhunger
zu stillen. Und Familie und Freunde werden ihre Freude an den neuen und
leckeren über 60 Rezepten haben.

Alle Rezepte sind von Dr. Oetker wie immer nachgekocht und so beschrieben,
dass sie Ihnen gelingen.

Abkürzungen

EL	= Esslöffel
TL	= Teelöffel
Msp.	= Messerspitze
Pck.	= Packung/Päckchen
g	= Gramm
kg	= Kilogramm
ml	= Milliliter
l	= Liter
Min.	= Minuten
Std.	= Stunden
evtl.	= eventuell
geh.	= gehäuft
gestr.	= gestrichen
TK	= Tiefkühlprodukt
°C	= Grad Celsius
Ø	= Durchmesser
E	= Eiweiß
F	= Fett
Kh	= Kohlenhydrate
kcal	= Kilokalorien
kJ	= Kilojoule

Hinweise zu den Rezepten

Lesen Sie bitte vor der Zubereitung – besser noch vor dem Einkaufen – das Rezept einmal vollständig durch. Oft werden Arbeitsabläufe oder -zusammenhänge dann klarer.

Die in den Rezepten angegebenen Backtemperaturen und -zeiten sind Richtwerte, die je nach individueller Hitzeleistung des Backofens über- oder unterschritten werden können. Bitte beachten Sie deshalb bei der Einstellung des Backofens die Gebrauchsanweisung des Herstellers und machen Sie nach Beendigung der Backzeit eine Garprobe.

Zubereitungszeiten

Die Zubereitungszeit beinhaltet nur die Zeit für die eigentliche Zubereitung, die Backzeiten sind gesondert ausgewiesen. Längere Wartezeiten, wie z. B. Kuhlzeiten, sind ebenfalls nicht mit einbezogen.

Kapitelübersicht

Kapitelübersicht

Gefüllte Kuchen

Kuchen mit Obst

Butter-Mandel-Kuchen

Klassisch

Für den Hefeteig:

375 g Weizenmehl
1 Pck. Trockenhefe
50 g Zucker
1 Prise Salz
1 Ei (Größe M)
50 g zerlassene,
abgekühlte Butter
200 ml lauwarme Milch

**Zum Bestreichen
und Bestreuen:**

75 g zerlassene, etwas
abgekühlte Butter
50 g abgezogene,
gehobelte Mandeln
50 g Zucker

Zubereitungszeit:
25 Minuten, ohne Teiggehzeit,
und etwa 15 Minuten Backzeit

Insgesamt:
E: 67 g, F: 157 g, Kh: 387 g,
kJ: 13444, kcal: 3211

1 Für den Teig Mehl in eine Rührschüssel sieben, mit Trockenhefe sorgfältig vermischen. Zucker, Salz, Ei, Butter und Milch hinzufügen.

2 Die Zutaten mit Handrührgerät mit Knethaken zunächst kurz auf niedrigster, dann auf höchster Stufe in etwa 5 Minuten zu einem Teig verarbeiten. Den Teig zugedeckt so lange an einem warmen Ort stehen lassen, bis er sich sichtbar vergrößert hat.

3 Den Teig leicht mit Mehl bestäuben, aus der Schüssel nehmen und auf einer bemehlten Arbeitsfläche nochmals kurz durchkneten.

4 Den Teig auf einem Backblech (30 x 40 cm, gefettet) ausrollen, mit Butter bestreichen, mit Mandeln und Zucker bestreuen. Den Teig nochmals zugedeckt so lange an einem warmen Ort gehen lassen, bis er sich sichtbar vergrößert hat. Das Backblech in den Backofen schieben.

Ober-/Unterhitze: etwa 200 °C (vorgeheizt)
Heißluft: etwa 180 °C (vorgeheizt)
Gas: Stufe 3–4 (vorgeheizt)
Backzeit: etwa 15 Minuten.

5 Das Backblech auf einen Kuchenrost stellen. Den Kuchen erkalten lassen und in beliebig große Stücke schneiden.

Israel-Kuchen

Für Kinder

Für den Rührteig:

250 g Butter oder Margarine
175 g Zucker
1 Pck. Vanillin-Zucker
3 Eier (Größe M)
2 Eigelb (Größe M)
1 Pck. Finesse Geriebene
Zitronenschale
250 g Weizenmehl
1 gestr. TL Backpulver

Zum Bestreichen:

2 Eiweiß (Größe M)
75 g Kandisfarin
(brauner Zucker)
100 g abgezogene,
gehackte Mandeln

Zubereitungszeit:

30 Minuten und
etwa 25 Minuten Backzeit

Insgesamt:

E: 83 g, F: 304 g, Kh: 442 g,
kJ: 20184, kcal: 4819

1 Für den Teig Butter oder Margarine mit Handrührgerät mit Rührbesen auf höchster Stufe geschmeidig rühren. Nach und nach Zucker und Vanillin-Zucker unterrühren. So lange rühren, bis eine gebundene Masse entstanden ist. Nach und nach Eier und Eigelb unterrühren (jedes Ei/Eigelb etwa $1/2$ Minute). Zitronenschale hinzufügen.

2 Mehl mit Backpulver mischen, sieben und in 2 Portionen kurz auf mittlerer Stufe unterrühren. Den Teig auf ein Backblech (30 x 40 cm, gefettet) geben und glatt streichen. Das Backblech in den Backofen schieben und den Boden vorbacken.

Ober-/Unterhitze: etwa 180 °C (vorgeheizt)
Heißluft: etwa 160 °C (vorgeheizt)
Gas: Stufe 2–3 (vorgeheizt)
Backzeit: 15–20 Minuten.

3 Das Backblech auf einen Kuchenrost stellen.

4 Zum Bestreichen Eiweiß steif schlagen, Kandisfarin unterschlagen, Mandeln unterheben. Die Masse mit einem in Wasser getauchten Esslöffel gleichmäßig auf den Gebäckboden streichen.

5 Das Backblech wieder in den Backofen schieben und den Kuchen **bei der oben angegebenen Backofeneinstellung in 6–8 Minuten** fertig backen.

Abwandlung: Statt Kandisfarin weißen Zucker verwenden und die gehackten Mandeln durch gehobelte Mandeln ersetzen. Bevor die Eiweißmasse auf den Kuchen gestrichen wird, den noch warmen Gebäckboden mit 100 g Orangenmarmelade bestreichen.

Nusskuchen mit Guss

Einfach

Für den Schüttelteig:

200 g Weizenmehl
4 gestr. TL Backpulver
250 g Zucker
1 Pck. Vanillin-Zucker
3 Eier (Größe M)
2 Pck. Finesse
Jamaica-Rum-Aroma
gut 200 ml Speiseöl
300 g gemahlene
Haselnusskerne

Für den Guss:

200 g gesiebter Puderzucker
1 geh. TL löslicher Kaffee
1 Becher (150 g) saure Sahne
2–3 EL heißes Wasser
20 g zerlassene Butter

Zubereitungszeit:

30 Minuten und
etwa 25 Minuten Backzeit

Insgesamt:

E: 83 g, F: 445 g, Kh: 640 g,
kJ: 28681, kcal: 6850

1 Für den Teig Mehl mit Backpulver mischen, in eine verschließbare Schüssel (3-Liter-Inhalt) sieben, mit Zucker und Vanillin-Zucker mischen. Eier, Aroma und Speiseöl hinzufügen. Schüssel mit dem Deckel fest verschließen.

2 Mehrmals (insgesamt 15–30 Sekunden) kräftig schütteln, so dass alle Zutaten gut vermischt sind. Haselnusskerne hinzufügen. Alles mit einem Schneebesen oder Rührlöffel nochmals sorgfältig durchrühren, damit vor allem trockene Zutaten vom Rand mit untergerührt werden.

3 Den Teig auf ein Backblech (30 x 40 cm, gefettet) geben und glatt streichen. Das Backblech in den Backofen schieben.

Ober-/Unterhitze: etwa 180 °C (vorgeheizt)
Heißluft: etwa 160 °C (vorgeheizt)
Gas: Stufe 2–3 (vorgeheizt)
Backzeit: etwa 25 Minuten.

4 Das Backblech auf einen Kuchenrost stellen.

5 Für den Guss Puderzucker mit Kaffeepulver mischen. Saure Sahne, Wasser und Butter hinzufügen und zu einer dickflüssigen Masse verrühren.

6 Den heißen Kuchen damit bestreichen. Guss fest werden lassen.

Schlesischer Streuselkuchen

Für Kinder

Für den Hefeteig:

375 g Weizenmehl
1 Pck. Trockenhefe
1 Prise Salz
75 g Zucker
1 Pck. Vanillin-Zucker
1 Ei (Größe M)
50 g zerlassene, abgekühlte
Butter oder Margarine
200 ml lauwarme Milch

Für den Streuselteig:

200 g Weizenmehl
200 g abgezogene,
gehackte Mandeln
175 g Zucker
175 g Butter

Außerdem:

3–4 EL Johannisbeergelee

Zubereitungszeit:

40 Minuten, ohne Teiggehzeit,
und etwa 20 Minuten Backzeit

Insgesamt:

E: 117 g, F: 323 g, Kh: 756 g,
kJ: 26678, kcal: 6371

1 Für den Hefeteig Mehl in eine Rührschüssel sieben, mit Trockenhefe sorgfältig vermischen. Salz, Zucker, Vanillin-Zucker, Ei, Butter oder Margarine und Milch hinzufügen.

2 Die Zutaten mit Handrührgerät mit Knethaken zunächst kurz auf niedrigster, dann auf höchster Stufe in etwa 5 Minuten zu einem Teig verarbeiten. Den Teig zugedeckt so lange an einem warmen Ort gehen lassen, bis er sich sichtbar vergrößert hat.

3 Den Teig leicht mit Mehl bestäuben, aus der Schüssel nehmen, auf einer bemehlten Arbeitsfläche nochmals kurz durchkneten und auf einem Backblech (30 x 40 cm, gefettet) ausrollen.

4 Für den Streuselteig Mehl in eine Rührschüssel sieben, mit Mandeln und Zucker mischen. Butter hinzufügen. Die Zutaten mit Handrührgerät mit Rührbesen zu Streuseln von gewünschter Größe verarbeiten. Die Streusel auf dem Hefeteigboden verteilen. Gelee glatt rühren und mit einem Teelöffel Kleckse auf die Streusel geben.

5 Den Teig nochmals zugedeckt so lange an einem warmen Ort gehen lassen, bis er sich sichtbar vergrößert hat. Das Backblech in den Backofen schieben.

Ober-/Unterhitze: etwa 200 °C (vorgeheizt)
Heißluft: etwa 180 °C (vorgeheizt)
Gas: Stufe 3–4 (vorgeheizt)
Backzeit: etwa 20 Minuten.

6 Das Backblech auf einen Kuchenrost stellen. Den Kuchen erkalten lassen, anschließend in beliebig große Stücke schneiden.

Blitzkuchen

Für Kinder – Schnell

Für den Rührteig:

300 g Butter oder Margarine
200 g Zucker
1 Pck. Vanillin-Zucker
1 Prise Salz
5 Eier (Größe M)
300 g Weizenmehl
2 gestr. TL Backpulver
100 g abgezogene,
gemahlene Mandeln

Für den Belag:

100 g abgezogene,
gehackte Mandeln
50 g abgezogene,
gehobelte Mandeln
100 g brauner Zucker
(Grümmel)

Zubereitungszeit:

20 Minuten und
etwa 35 Minuten Backzeit

Insgesamt:

E: 116 g, F: 427 g, Kh: 529 g,
kJ: 26778, kcal: 6394

1 Für den Teig Butter oder Margarine mit Handrührgerät mit Rührbesen auf höchster Stufe geschmeidig rühren. Nach und nach Zucker, Vanillin-Zucker und Salz unterrühren. So lange rühren, bis eine gebundene Masse entstanden ist.

2 Eier nach und nach unterrühren (jedes Ei etwa ½ Minute). Mehl mit Backpulver mischen, sieben und in 2 Portionen kurz auf mittlerer Stufe unterrühren. Mandeln unterheben. Den Teig auf ein Backblech (30 x 40 cm, gefettet) geben und glatt streichen.

3 Für den Belag Mandeln mit Zucker mischen und auf den Teig streuen. Das Backblech in den Backofen schieben.

Ober-/Unterhitze: etwa 180 °C (vorgeheizt)
Heißluft: etwa 160 °C (nicht vorgeheizt)
Gas: Stufe 2–3 (nicht vorgeheizt)
Backzeit: etwa 35 Minuten.

4 Das Backblech auf einen Kuchenrost stellen. Den Kuchen erkalten lassen. Anschließend in Stücke schneiden.

Ruck-Zuck-Kuchen

Preiswert

Für den Hefeteig:

375 g Weizenmehl
1 Pck. Trockenhefe
100 g Zucker
1 Pck. Vanillin-Zucker
1 Pck. Finesse Geriebene
Zitronenschale
75 g zerlassene, abgekühlte
Butter oder Margarine
1 Becher (200 g) Schmand
(Sauerrahm)

*Zum Bestreichen
und Bestreuen:*

1 Becher (200 g) Schmand
(Sauerrahm)
100 g Kokosraspel

Zum Verzieren:

50 g Halbbitter-Kuvertüre
oder Schokoladenglasur

Zubereitungszeit:

20 Minuten, ohne
Teiggeh- und Abkühlzeit, und
etwa 20 Minuten Backzeit

Insgesamt:

E: 65 g, F: 235 g, Kh: 434 g,
kJ: 17095, kcal: 4084

1 Für den Teig Mehl in eine Rührschüssel sieben, mit Trockenhefe sorgfältig vermischen. Zucker, Vanillin-Zucker, Zitronenschale, Butter oder Margarine und Schmand hinzufügen. Die Zutaten mit Handrührgerät mit Knethaken zunächst kurz auf niedrigster, dann auf höchster Stufe in etwa 5 Minuten zu einem Teig verarbeiten. Den Teig zugedeckt so lange an einem warmen Ort stehen lassen, bis er sich sichtbar vergrößert hat.

2 Den Teig leicht mit Mehl bestäuben, aus der Schüssel nehmen, auf einer bemehlten Arbeitsfläche nochmals kurz durchkneten und auf einem Backblech (30 x 40 cm, gefettet) ausrollen. Den Teigboden mit Schmand bestreichen und mit Kokosraspeln bestreuen. Den Teig nochmals zugedeckt so lange an einem warmen Ort gehen lassen, bis er sich sichtbar vergrößert hat. Das Backblech in den Backofen schieben.

Ober-/Unterhitze: etwa 200 °C (vorgeheizt)
Heißluft: etwa 180 °C (vorgeheizt)
Gas: Stufe 3–4 (vorgeheizt)
Backzeit: etwa 20 Minuten.

3 Das Backblech auf einen Kuchenrost stellen. Den Kuchen erkalten lassen.

4 Zum Verzieren Kuvertüre klein hacken, in einem kleinen Topf im Wasserbad bei schwacher Hitze zu einer geschmeidigen Masse verrühren oder Schokoladenglasur nach Packungsanleitung auflösen. Den Kuchen mit der Kuvertüre oder Glasur besprenkeln. Guss fest werden lassen. Den Kuchen in Dreiecke schneiden.

Rotweinkuchen

Einfach – Mit Alkohol

Zum Vorbereiten:

125 g Rosinen

250 ml (¼ l) Rotwein

Für den Rührteig:

250 g Butter oder Margarine

250 g Zucker

2 Pck. Vanillin-Zucker

1 Prise Salz

2 gestr. TL gemahlener Zimt

5 Eier (Größe M)

325 g Weizenmehl

40 g Kakaopulver

4 gestr. TL Backpulver

Zum Bestreuen:

150 g Vollmich-
Raspelschokolade

Zum Verzieren:

250 ml (¼ l) Schlagsahne

1 EL Zucker

1 Pck. Sahnesteif

*Nach Belieben
zum Garnieren:*

weiße Raspelschokolade

Zubereitungszeit:

30 Minuten, ohne Durchzieh-
und Abkühlzeit, und
30–40 Minuten Backzeit

Insgesamt:

E: 102 g, F: 378 g, Kh: 713 g,
kJ: 28540, kcal: 6814

1 Zum Vorbereiten Rosinen in eine Schüssel geben, mit Rotwein übergießen und am besten über Nacht stehen lassen.

2 Für den Teig Butter oder Margarine mit Handrührgerät mit Rührbesen auf höchster Stufe geschmeidig rühren. Nach und nach Zucker, Vanillin-Zucker, Salz und Zimt unterrühren. So lange rühren, bis eine gebundene Masse entstanden ist.

3 Eier nach und nach unterrühren (jedes Ei etwa ½ Minute). Mehl mit Kakao und Backpulver mischen, sieben und in 2 Portionen kurz auf mittlerer Stufe unterrühren. Zuletzt Rosinen mit dem Rotwein unterheben.

4 Den Teig auf ein Backblech (30 x 40 cm, gefettet) geben, glatt streichen und mit Raspelschokolade bestreuen. Das Backblech in den Backofen schieben.

Ober-/Unterhitze: etwa 180 °C (vorgeheizt)
Heißluft: etwa 160 °C (nicht vorgeheizt)
Gas: Stufe 2–3 (nicht vorgeheizt)
Backzeit: 30–40 Minuten.

5 Das Backblech auf einen Kuchenrost stellen. Gebäckplatte erkalten lassen. Anschließend in Rauten, Dreiecke oder Quadrate schneiden.

6 Zum Verzieren Sahne mit Zucker und Sahnesteif steif schlagen. Gebäckstücke damit verzieren und nach Belieben mit Raspelschokolade garnieren.

Tipp: Die Gebäckplatte sofort nach dem Backen mit 50 g geraspelter weißer Schokolade bestreuen.

Kokosschnitten

Preiswert – Für Kinder

Für den Knetteig:

300 g Weizenmehl
2 gestr. TL Backpulver
100 g Zucker
1 Pck. Vanillin-Zucker
1 Prise Salz
2 Eier (Größe M)
100 g Butter oder Margarine

Zum Bestreichen:

3–4 EL Johannisbeerkonfitüre

Für den Belag:

50 g zerlassene
abgekühlte Butter
1 Becher (150 g)
Crème fraîche
75 g Kandisfarin (brauner
Zucker) oder weißer Zucker
gemahlener Zimt
200 g Kokosraspel

Für die Glasur:

100 g dunkle Kuchenglasur

Zubereitungszeit:

65 Minuten und
25–30 Minuten Backzeit

Insgesamt:

E: 67 g, F: 365 g, Kh: 542 g,
kJ: 23885, kcal: 5703

1 Für den Teig Mehl mit Backpulver mischen und in eine Rührschüssel sieben. Zucker, Vanillin-Zucker, Salz, Eier und Butter oder Margarine hinzufügen. Die Zutaten mit Handrührgerät mit Knethaken zunächst kurz auf niedrigster, dann auf höchster Stufe gut durcharbeiten.

2 Anschließend auf einer bemehlten Arbeitsfläche zu einem glatten Teig verkneten. Sollte er kleben, ihn in Folie gewickelt eine Zeit lang kalt stellen.

3 Den Teig auf einem Backblech (30 x 40 cm, gefettet) ausrollen und mit Konfitüre bestreichen.

4 Für den Belag Butter mit Crème fraîche, Kandisfarin oder Zucker, Zimt und Kokosraspeln gut verrühren. Die Masse auf den mit Konfitüre bestrichenen Teig geben und vorsichtig glatt streichen. Das Backblech in den Backofen schieben.

Ober-/Unterhitze: etwa 180 °C (vorgeheizt)
Heißluft: etwa 160 °C (vorgeheizt)
Gas: Stufe 2–3 (vorgeheizt)
Backzeit: 25–30 Minuten.

5 Das Backblech auf einen Kuchenrost stellen. Gebäckboden erkalten lassen, dann in Streifen (etwa 3 x 8 cm) schneiden.

6 Für die Glasur Kuchenglasur in einem kleinen Topf im Wasserbad bei schwacher Hitze schmelzen. Die Kokosschnitten jeweils mit einem Ende hineintauchen, auf Backpapier legen und trocknen lassen.

Tipp: Statt Kokosraspel können auch 200 g gemahlene Haselnusskerne verwendet werden.
Sie können das Gebäck auch in Quadrate schneiden, diese so in Hälften teilen, dass Dreiecke entstehen.
Das Gebäck mit aufgelöster Schokolade besprenkeln. Es bleibt in einer gut schließenden Dose etwa 3 Wochen frisch.

Leipziger Kleckselkuchen

Klassisch

Für den Hefeteig:

375 g Weizenmehl
1 Pck. Trockenhefe
50 g Zucker
1 Pck. Vanillin-Zucker
200 ml lauwarme Milch
70 g zerlassene, abgekühlte
Butter oder Margarine

Für die Quarkmasse:

100 g Butter oder Margarine
100 g Zucker
6 Eigelb (Größe M)
125 ml (1/8 l) Milch
1 kg Magerquark
20 g gesiebtes Weizenmehl
1/2 Fläschchen Zitronen-Aroma
2 Äpfel
80 g Rosinen

Für die Mohnmasse:

150 g frisch gemahlener Mohn
50 g zerlassene Butter
125 ml (1/8 l) Milch
3 TL flüssiger Honig
gemahlener Zimt

Zum Bestreichen:

30 g zerlassene Butter

Zum Bestreuen:

20 g Zucker

Zubereitungszeit:

60 Minuten, ohne Teiggehzeit,
und etwa 35 Minuten Backzeit

Insgesamt:

E: 247 g, F: 343 g, Kh: 626 g,
kJ: 27690, kcal: 6613

1 Für den Teig Mehl in eine Rührschüssel sieben, mit Trockenhefe sorgfältig vermischen. Zucker, Vanillin-Zucker, Milch und Butter oder Margarine hinzufügen. Die Zutaten mit Handrührgerät mit Knethaken zunächst kurz auf niedrigster, dann auf höchster Stufe in etwa 5 Minuten zu einem Teig verarbeiten.

2 Den Teig zugedeckt so lange an einem warmen Ort stehen lassen, bis er sich sichtbar vergrößert hat.

3 Für die Quarkmasse Butter oder Margarine, Zucker und Eigelb mit Handrührgerät mit Rührbesen schaumig rühren, Milch unterrühren. Quark, Mehl und Aroma hinzugeben und so lange rühren, bis eine cremige Masse entstanden ist. Äpfel schälen, vierteln, entkernen und würfeln. Apfelwürfel und Rosinen unter die Quarkmasse rühren.

4 Für die Mohnmasse Mohn und Butter in einem Topf verrühren, Milch hinzufügen. Die Masse unter Rühren aufkochen lassen, Honig unterrühren, mit Zimt abschmecken.

5 Den gegangenen Teig leicht mit Mehl bestäuben, aus der Schüssel nehmen und auf einer bemehlten Arbeitsfläche nochmals kurz durchkneten. Den Teig in einer Fettpfanne (30 x 40 cm, gefettet) ausrollen. Die Quarkmasse auf den Teig geben und glatt streichen. Die Mohnmasse esslöffelweise in „Kleckseln" darauf verteilen. Das Backblech in den Backofen schieben.

Ober-/Unterhitze: etwa 180 °C (vorgeheizt)
Heißluft: etwa 160 °C (nicht vorgeheizt)
Gas: Stufe 2–3 (nicht vorgeheizt)
Backzeit: etwa 35 Minuten.

6 Die Fettpfanne auf einen Kuchenrost stellen. Den heißen Kuchen sofort mit der Butter bestreichen und mit Zucker bestreuen. Kuchen erkalten lassen.

Tipp: Anstelle von gemahlenem Mohn können Sie auch 2 Päckchen Mohn-Back verwenden.

Spanischer Streuselkuchen

Preiswert

Für den Hefeteig:

375 g Weizenmehl
(Type 550)
1 Pck. (42 g) frische Hefe
100 g Zucker
250 ml (1/4 l) lauwarme
Schlagsahne
100 g zerlassene, abgekühlte
Butter oder Margarine
1/2 TL gemahlener Zimt
1/2 Pck. Finesse Geriebene
Zitronenschale
1 Msp. geriebene Muskatblüte
(Macis)
2 Eier (Größe M)
100 g abgezogene,
gemahlene Mandeln
75 g Rosinen

Zum Bestreichen:

1 Becher (250 g)
Crème fraîche

Für die Streusel:

250 g Weizenmehl
125 g Zucker
1 Pck. Vanillin-Zucker
175 g Butter

Zubereitungszeit:

45 Minuten, ohne Teiggehzeit,
und etwa 30 Minuten Backzeit

Insgesamt:

E: 124 g, F: 466 g, Kh: 756 g,
kJ: 32206, kcal: 7703

1 Für den Teig Mehl in eine Rührschüssel sieben. In die Mitte eine Vertiefung drücken. Hefe hineinbröckeln, etwas von dem Zucker und der Sahne hinzufügen. Mit einer Gabel vorsichtig verrühren und etwa 10 Minuten gehen lassen.

2 Butter oder Margarine, Zimt, Zitronenschale, Muskatblüte, Eier, Mandeln, den restlichen Zucker und die restliche Sahne hinzufügen. Die Zutaten mit Handrührgerät mit Knethaken zunächst kurz auf niedrigster, dann auf höchster Stufe in etwa 5 Minuten zu einem Teig verarbeiten (der Teig ist etwas weich). Den Teig zugedeckt so lange an einem warmen Ort stehen lassen, bis er sich sichtbar vergrößert hat.

3 Den Teig leicht mit Mehl bestäuben, aus der Schüssel nehmen, auf einer bemehlten Arbeitsfläche nochmals kurz durchkneten, Rosinen unterkneten. Den Teig auf einem Backblech (30 x 40 cm, gefettet) ausrollen. Crème fraîche darauf verteilen.

4 Für die Streusel Mehl in eine Rührschüssel sieben, mit Zucker und Vanillin-Zucker mischen, Butter hinzufügen. Die Zutaten mit Handrührgerät mit Rührbesen zu Streuseln von gewünschter Größe verarbeiten.

5 Die Streusel auf der Crème-fraîche-Masse verteilen. Den Teig zugedeckt nochmals so lange an einem warmen Ort gehen lassen, bis er sich sichtbar vergrößert hat. Das Backblech in den Backofen schieben.

Ober-/Unterhitze: etwa 180 °C (vorgeheizt)
Heißluft: etwa 160 °C (vorgeheizt)
Gas: Stufe 2–3 (vorgeheizt)
Backzeit: etwa 30 Minuten.

6 Das Backblech auf einen Kuchenrost stellen. Kuchen erkalten lassen.

Tipp: Der Kuchen kann sehr gut eingefroren werden. Den wieder aufgetauten Kuchen im vorgeheizten Backofen (Ober-/Unterhitze: etwa 200 °C, Heißluft: etwa 180 °C, Gas: Stufe 3–4) 5–10 Minuten aufbacken.

Tschechischer Kokoskuchen

Raffiniert

Für den Rührteig:

200 g Butter oder Margarine
200 g Zucker
1 Pck. Vanillin-Zucker
1 Pck. Finesse Geriebene
Zitronenschale
4 Eigelb (Größe M)
250 g Weizenmehl
3 gestr. TL Backpulver
2–3 EL Milch

Für den Belag:

4 EL Ananaskonfitüre
4 Eiweiß (Größe M)
200 g Zucker
200 g Kokosraspel

Zum Besprenkeln:

75 g Zartbitterschokolade
20 g Kokosfett

Zubereitungszeit:

35 Minuten, ohne Abkühlzeit,
und 35–40 Minuten Backzeit

Insgesamt:

E: 75 g, F: 375 g, Kh: 720 g,
kJ: 27343, kcal: 6530

1 Für den Teig Butter oder Margarine mit Handrührgerät mit Rührbesen auf höchster Stufe geschmeidig rühren. Nach und nach Zucker, Vanillin-Zucker und Zitronenschale unterrühren. So lange rühren, bis eine gebundene Masse entstanden ist.

2 Eigelb nach und nach unterrühren (jedes Eigelb knapp 1/2 Minute). Mehl mit Backpulver mischen, sieben und abwechselnd mit der Milch in 2 Portionen kurz auf mittlerer Stufe unterrühren.

3 Den Teig auf ein Backblech (30 x 40 cm, gefettet) geben und glatt streichen. Das Backblech in den Backofen schieben und den Gebäckboden vorbacken.

Ober-/Unterhitze: etwa 180 °C (vorgeheizt)
Heißluft: etwa 160 °C (vorgeheizt)
Gas: Stufe 2–3 (vorgeheizt)
Backzeit: etwa 20 Minuten.

4 Das Backblech auf einen Kuchenrost stellen, den Gebäckboden etwas abkühlen lassen.

5 Für den Belag Konfitüre auf den warmen Gebäckboden streichen. Eiweiß steif schlagen, Zucker nach und nach unterschlagen. Kokosraspel unterheben. Die Eischneemasse auf der Konfitüre verteilen. Das Backblech wieder in den Backofen schieben und den Kuchen fertig backen, bis die Oberfläche goldgelb ist.

Ober-/Unterhitze: etwa 160 °C (vorgeheizt)
Heißluft: etwa 140 °C (vorgeheizt)
Gas: Stufe 1–2 (vorgeheizt)
Backzeit: 15–20 Minuten.

6 Das Backblech auf einen Kuchenrost stellen, den Kuchen erkalten lassen.

7 Zum Besprenkeln Schokolade in Stücke brechen, mit Kokosfett in einem kleinen Topf im Wasserbad bei schwacher Hitze zu einer geschmeidigen Masse verrühren. Den Kuchen damit besprenkeln. Schokolade fest werden lassen.

Krokantrauten

Für Kinder – Gut vorzubereiten

Für den Rührteig:

70 g Zwieback
170 g Butter oder Margarine
150 g Zucker
1 Pck. Bourbon-Vanille-Zucker
6 Eigelb (Größe M)
150 g aufgelöste, abgekühlte
Halbbitter-Kuvertüre
30 g Weizenmehl
1 gestr. TL Backpulver
6 Eiweiß (Größe M)

Zum Bestreichen:

150 g Sauerkirschkonfitüre

Für den Guss:

160 g Halbbitter-Kuvertüre
50 g weiße Kuvertüre

Zum Bestreuen:

75 g Haselnuss-Krokant

Zubereitungszeit:

40 Minuten und
15–20 Minuten Backzeit

Insgesamt:

E: 78 g, F: 321 g, Kh: 585 g,
kJ: 23230, kcal: 5563

1 Für den Teig Zwiebäcke in einen Gefrierbeutel geben und den Beutel verschließen. Zwiebäcke mit einer Teigrolle fein zerbröseln.

2 Butter oder Margarine mit Handrührgerät mit Rührbesen auf höchster Stufe geschmeidig rühren. Nach und nach Zucker und Vanille-Zucker unterrühren. So lange rühren, bis eine gebundene Masse entstanden ist.

3 Eigelb nach und nach unterrühren (jedes Eigelb knapp 1/2 Minute). Kuvertüre unterrühren. Mehl mit Backpulver mischen, sieben, mit den Zwiebackbröseln mischen und in 2 Portionen kurz auf mittlerer Stufe unterrühren. Eiweiß steif schlagen und unterheben.

4 Den Teig auf ein Backblech (30 x 40 cm, gefettet) geben und glatt streichen. Das Backblech in den Backofen schieben.

Ober-/Unterhitze: etwa 200 °C (vorgeheizt)
Heißluft: etwa 180 °C (vorgeheizt)
Gas: Stufe 3–4 (vorgeheizt)
Backzeit: 15–20 Minuten.

5 Das Backblech auf einen Kuchenrost stellen.

6 Zum Bestreichen Konfitüre durch ein Sieb streichen und in einem kleinen Topf unter Rühren aufkochen lassen. Das heiße Gebäck sofort damit bestreichen. Gebäck erkalten lassen.

7 Für den Guss Kuvertüre in kleine Stücke hacken, getrennt in einem kleinen Topf im Wasserbad bei schwacher Hitze zu einer geschmeidigen Masse verrühren. Das Gebäck damit besprenkeln und mit Krokant bestreuen. Kuvertüre fest werden lassen. Gebäck in Rauten schneiden.

Schokoladen-Nuss-Streifen

Einfach – Zu Weihnachten – Mit Alkohol

Für den Teig:

200 g flüssiger Honig
250 g Zucker
1 Pck. Vanillin-Zucker
125 g Butter oder Margarine
2 Eier (Größe M)
4–5 EL Milch
1/2 Fläschchen Zitronen-Aroma
1 gestr. TL gemahlener Zimt
1 Msp. gemahlene Nelken
2 geh. EL gesiebtes
Kakaopulver oder geriebene
Zartbitterschokolade
400 g Weizenmehl
1 Pck. Pudding-Pulver
Schokolade
3 gestr. TL Backpulver
375 g grob gehackte
Haselnusskerne

Für den Guss:

200 g gesiebter Puderzucker
1 EL Weinbrand
3 EL heiße Milch

Zubereitungszeit:

50 Minuten, ohne Abkühlzeit,
und 25–30 Minuten Backzeit

Insgesamt:

E: 113 g, F: 370 g, Kh: 974 g,
kJ: 32145, kcal: 7674

1 Für den Teig Honig mit Zucker, Vanillin-Zucker und Butter oder Margarine in einem Topf langsam erwärmen, zerlassen und in eine Rührschüssel geben. Masse erkalten lassen.

2 Unter die erkaltete Masse nach und nach Eier, Milch, Aroma, Zimt, Nelken und Kakao oder Schokolade rühren.

3 Mehl mit Pudding-Pulver und Backpulver mischen, sieben, portionsweise auf mittlerer Stufe unterrühren. Haselnusskerne hinzufügen.

4 Den Teig auf ein Backblech (30 x 40 cm, gefettet) geben und glatt streichen. Den Teig mit Wasser bestreichen. Das Backblech in den Backofen schieben.

Ober-/Unterhitze: etwa 180 °C (vorgeheizt)
Heißluft: etwa 160 °C (vorgeheizt)
Gas: Stufe 2–3 (vorgeheizt)
Backzeit: 25–30 Minuten.

5 Das Backblech auf einen Kuchenrost stellen.

6 Für den Guss Puderzucker mit Weinbrand und Milch zu einer dickflüssigen Masse verrühren. Die warme Gebäckplatte damit bestreichen und erkalten lassen. Gebäckplatte in etwa 2 x 6 cm große Streifen schneiden.

Gitter-Mohn-Kuchen

Für Gäste

Für den Knetteig:

375 g Weizenmehl
1 gestr. TL Backpulver
75 g Zucker
1 Pck. Vanillin-Zucker
2 Eier (Größe M)
175 g Butter oder Margarine

Für den Quarkbelag:

75 g Butter
2 Eiweiß (Größe M)
750 g Magerquark
150 g Zucker
2 Eigelb (Größe M)
1 Prise Salz
abgeriebene Schale von
½ Bio-Zitrone
(unbehandelt, ungewachst)
1 Pck. Käsekuchen-Hilfe

Für den Mohnbelag:

1 Pck. (250 g) backfertige
Mohnfüllung
2 EL flüssiger Honig
2 Eier (Größe M)
100 g Sultaninen

Zum Aprikotieren:

3–4 EL Aprikosenkonfitüre
3 EL Wasser

Zubereitung:

40 Minuten, ohne Abkühlzeit,
und etwa 50 Minuten Backzeit

Insgesamt:

E: 204 g, F: 294 g, Kh: 841 g,
kJ: 28758, kcal: 6865

1 Für den Teig Mehl mit Backpulver mischen und in eine Rührschüssel sieben. Zucker, Vanillin-Zucker, Eier und Butter oder Margarine hinzufügen. Die Zutaten mit Handrührgerät mit Knethaken zunächst kurz auf niedrigster, dann auf höchster Stufe gut durcharbeiten.

2 Anschließend auf einer bemehlten Arbeitsfläche zu einem glatten Teig verkneten. Sollte er kleben, ihn in Folie gewickelt eine Zeit lang kalt stellen.

3 Für den Quarkbelag Butter zerlassen und abkühlen lassen. Eiweiß steif schlagen. Quark mit Zucker, Eigelb, Salz, Zitronenschale, zerlassener Butter und Käsekuchen-Hilfe verrühren. Eischnee unterheben.

4 Für den Mohnbelag Mohnfüllung mit Honig, Eiern und Sultaninen verrühren. Zwei Drittel des Teiges auf einem Backblech (30 x 40 cm, gefettet) ausrollen. Den Quarkbelag darauf geben und glatt streichen. Die Mohnmasse darauf verteilen.

5 Den restlichen Teig auf der bemehlten Arbeitsfläche dünn ausrollen und etwa 1 cm breite Streifen ausrädeln. Teigstreifen als Gitter auf die Mohnmasse legen. Das Backblech in den Backofen schieben.

Ober-/Unterhitze: 180–200 °C (vorgeheizt)
Heißluft: 160–180 °C (nicht vorgeheizt)
Gas: etwa Stufe 3 (nicht vorgeheizt)
Backzeit: etwa 50 Minuten.

6 Das Backblech auf einen Kuchenrost stellen.

7 Zum Aprikotieren Konfitüre durch ein Sieb streichen, mit Wasser in einem kleinen Topf unter Rühren etwas einkochen lassen. Die Teigstreifen sofort nach dem Backen mit Hilfe eines Backpinsels damit bestreichen. Kuchen erkalten lassen.

Tipp: Sie können die abgeriebene Zitronenschale durch 1 Päckchen Finesse Geriebene Zitronenschale ersetzen.

Schokoladen-Kokosnuss-Rauten

Preiswert – Für Kinder

Für den Streuselteig:

250 g Butter oder Margarine
300 g Weizenmehl
2 EL gesiebtes Kakaopulver
150 g Zucker
1 Pck. Vanillin-Zucker
50 g Kokosraspel

Für den Belag:

2 EL gesiebtes Kakaopulver
200 g gesiebter Puderzucker
150 g Kokosraspel
150 g zerlassene,
abgekühlte Butter
100 ml Schlagsahne

Zum Garnieren:

weiße Schokoladen-
Blütenblätter

Zubereitungszeit:

40 Minuten, ohne Kühlzeit,
und etwa 25 Minuten Backzeit

Insgesamt:

E: 61 g, F: 521 g, Kh: 623 g,
kJ: 30966, kcal: 7395

1 Für den Teig Butter oder Margarine in einem kleinen Topf zerlassen, abkühlen lassen. Einen Backrahmen ausfetten und auf ein Backblech (30 x 40 cm, gefettet, mit Backpapier belegt) stellen.

2 Mehl mit Kakao mischen und in eine Rührschüssel sieben. Zucker, Vanillin-Zucker und Kokosraspel untermischen. Butter oder Margarine hinzufügen. Die Zutaten mit Handrührgerät mit Knethaken zunächst kurz auf niedrigster, dann auf höchster Stufe zu Streuseln verarbeiten. Teigstreusel auf das Backblech in den Backrahmen geben und andrücken. Das Backblech in den Backofen schieben.

Ober-/Unterhitze: etwa 180 °C (vorgeheizt)
Heißluft: etwa 160 °C (vorgeheizt)
Gas: Stufe 2–3 (vorgeheizt)
Backzeit: etwa 25 Minuten.

3 Das Backblech auf einen Kuchenrost stellen.

4 Für den Belag Kakao, Puderzucker und Kokosraspel in einer Rührschüssel mischen, Butter und Sahne unterrühren. Die Masse sofort auf den Kuchen geben und glatt streichen. Kuchen kalt stellen und den Belag fest werden lassen. Den Backrahmen lösen und entfernen.

5 Den Kuchen vor dem Servieren in Rauten schneiden und mit Blütenblättern garnieren.

Glühweinecken

Für Gäste – Mit Alkohol

Für den Rührteig:

250 g Butter oder Margarine
250 g Zucker
1 Pck. Vanillin-Zucker
1 Prise Salz
4 Eier (Größe M)
250 g Weizenmehl
1 Pck. Backpulver
75 ml Glühwein
150 g fein geriebene
Zartbitterschokolade

Für die Glasur:

250 g gesiebter Puderzucker
75 ml Glühwein

Zum Bestreuen:

125 g abgezogene, gehackte,
geröstete Mandeln

Zubereitungszeit:

40 Minuten, ohne Kühlzeit,
und etwa 25 Minuten Backzeit

Insgesamt:

E: 93 g, F: 360 g, Kh: 786 g,
kJ: 28478, kcal: 6800

1 Für den Teig Butter oder Margarine mit Handrührgerät mit Rührbesen auf höchster Stufe geschmeidig rühren. Nach und nach Zucker, Vanillin-Zucker und Salz unterrühren. So lange rühren, bis eine gebundene Masse entstanden ist. Eier nach und nach unterrühren (jedes Ei etwa $1/2$ Minute).

2 Mehl mit Backpulver mischen, sieben, abwechselnd mit dem Glühwein in 2 Portionen kurz auf mittlerer Stufe unterrühren. Geriebene Schokolade unterheben.

3 Den Teig auf ein Backblech (30 x 40 cm, gefettet) geben und glatt streichen. Das Backblech in den Backofen schieben.

Ober-/Unterhitze: etwa 180 °C (vorgeheizt)
Heißluft: etwa 160 °C (vorgeheizt)
Gas: Stufe 2–3 (vorgeheizt)
Backzeit: etwa 25 Minuten.

4 Das Backblech auf einen Kuchenrost stellen, den Kuchen erkalten lassen.

5 Für die Glasur Puderzucker mit Glühwein zu einer dickflüssigen Masse verrühren. Den Kuchen damit überziehen und sofort mit Mandeln bestreuen. Guss fest werden lassen. Den Glühweinkuchen in Ecken schneiden.

Abwandlung: Es können zusätzlich noch 100 g Korinthen in den Teig gegeben werden. Korinthen vorher in 100 ml Glühwein einweichen. Wenn Sie es nicht so weihnachtlich mögen, können Sie den Glühwein durch die gleiche Menge Rotwein ersetzen.

Ingwergebäck mit Schokolade

Schnell

Für den Rührteig:

200 g Rosinen
125 g Butter oder Margarine
200 g Zucker
1 Pck. Vanillin-Zucker
2 TL gemahlener Ingwer
4 Eier (Größe M)
250 g Weizenmehl
1 gestr. TL Backpulver
250 g Raspelschokolade

Für den Guss:

150 g Halbbitter-Kuvertüre
2 TL Speiseöl

evtl. einige Belegkirschen

Zubereitungszeit:

20 Minuten und
20–25 Minuten Backzeit

Insgesamt:

E: 89 g, F: 255 g, Kh: 743 g,
kJ: 23637, kcal: 5653

1 Für den Teig Rosinen klein schneiden. Butter oder Margarine mit Handrührgerät mit Rührbesen auf höchster Stufe geschmeidig rühren. Nach und nach Zucker, Vanillin-Zucker und Ingwer unterrühren. So lange rühren, bis eine gebundene Masse entstanden ist.

2 Eier nach und nach unterrühren (jedes Ei etwa 1/2 Minute). Mehl mit Backpulver mischen, sieben und in 2 Portionen kurz auf mittlerer Stufe unterrühren. Rosinen und Raspelschokolade unterheben.

3 Den Teig auf ein Backblech (30 x 40 cm, gefettet, mit Backpapier belegt) geben und glatt streichen. Das Backblech in den Backofen schieben.

Ober-/Unterhitze: 180–200 °C (vorgeheizt)
Heißluft: 160–180 °C (vorgeheizt)
Gas: etwa Stufe 3 (vorgeheizt)
Backzeit: 20–25 Minuten.

4 Das Backblech auf einen Kuchenrost stellen. Gebäck erkalten lassen. Anschließend in Quadrate (etwa 4 x 4 cm) schneiden.

5 Für den Guss Kuvertüre hacken, mit Speiseöl in einem kleinen Topf im Wasserbad bei schwacher Hitze zu einer geschmeidigen Masse verrühren. Das Gebäck mit der Kuvertüre bestreichen und nach Belieben mit halbierten Belegkirschen garnieren. Guss fest werden lassen.

Sehr feine Schokoschnitten

Mit Alkohol – Gut vorzubereiten

Für den Rührteig:

250 g Butter oder Margarine
225 g Zucker
1 Pck. Vanillin-Zucker
1 Prise Salz
5 Eier (Größe M)
200 g aufgelöste
Blockschokolade
2 Pck. Finesse Jamaica-
Rum-Aroma
125 ml (1/8 l) Schlagsahne
6 EL Rum
200 g Weizenmehl
1 Msp. Backpulver
100 g klein geschnittene
Blockschokolade

Zum Bestreuen:

50 g abgezogene,
gestiftelte Mandeln

Für den Guss:

200 g Zartbitterschokolade
40 g Kokosfett
2 Pck. Finesse Orangenfrucht

Zubereitungszeit:

60 Minuten, ohne Abkühlzeit,
und etwa 30 Minuten Backzeit

Insgesamt:

E: 113 g, F: 515 g, Kh: 643 g,
kJ: 32752, kcal: 7819

1 Für den Teig Butter oder Margarine mit Handrührgerät mit Rührbesen auf höchster Stufe geschmeidig rühren. Nach und nach Zucker, Vanillin-Zucker und Salz unterrühren. So lange rühren, bis eine gebundene Masse entstanden ist.

2 Eier nach und nach unterrühren (jedes Ei etwa 1/2 Minute). Aufgelöste Schokolade, Aroma, Sahne und Rum unterrühren.

3 Mehl mit Backpulver mischen, sieben und in 2 Portionen kurz auf mittlerer Stufe unterrühren. Schokoladenstückchen unterheben.

4 Den Teig auf ein Backblech (30 x 40 cm, gefettet) geben und glatt streichen. Das Backblech in den Backofen schieben.

Ober-/Unterhitze: etwa 180 °C (vorgeheizt)
Heißluft: etwa 160 °C (vorgeheizt)
Gas: Stufe 2–3 (vorgeheizt)
Backzeit: etwa 30 Minuten.

5 Nach etwa 15 Minuten Backzeit die Mandeln auf den Kuchen streuen und den Kuchen fertig backen.

6 Das Backblech auf einen Kuchenrost stellen. Kuchen erkalten lassen.

7 Für den Guss Schokolade in Stücke brechen, mit Kokosfett in einem kleinen Topf im Wasserbad unter Rühren schmelzen. Orangenfrucht unterrühren. Den Kuchen damit überziehen. Guss fest werden lassen.

Aprikosen-Schmand-Kuchen

Für Kinder

Zum Vorbereiten:
1 Dose Aprikosenhälften
(Abtropfgewicht 480 g)
100 g Marzipan-Rohmasse

Für den Quark-Öl-Teig:
300 g Weizenmehl
1 Pck. Backpulver
150 g Magerquark
100 ml Milch
100 ml Speiseöl
75 g Zucker
1 Pck. Vanillin-Zucker
1 Prise Salz

Für den Belag:
2 Pck. Pudding-Pulver
Vanille-Geschmack
80 g Zucker
750 ml (³/₄ l) Milch
500 g Schmand (Sauerrahm)
75 g abgezogene,
gestiftelte Mandeln

Für den Guss:
100 g gesiebter Puderzucker
1 EL Zitronensaft

Zubereitungszeit:
40 Minuten, ohne Abkühlzeit,
und etwa 40 Minuten Backzeit

Insgesamt:
E: 125 g, F: 318 g, Kh: 737 g,
kJ: 26428, kcal: 6305

1 Zum Vorbereiten Aprikosenhälften in einem Sieb gut abtropfen lassen. Marzipan-Rohmasse auf einer Haushaltsreibe fein raspeln.

2 Für den Teig Mehl mit Backpulver mischen und in eine Rührschüssel sieben. Quark, Milch, Speiseöl, Zucker, Vanillin-Zucker, Salz und Marzipanraspel hinzufügen. Die Zutaten mit Handrührgerät mit Knethaken zunächst kurz auf niedrigster, dann auf höchster Stufe in etwa 1 Minute zu einem Teig verarbeiten (nicht zu lange, Teig klebt sonst).

3 Anschließend auf der leicht bemehlten Arbeitsfläche zu einer Rolle formen. Den Teig auf einem Backblech (30 x 40 cm, gefettet) ausrollen. Einen Backrahmen darumstellen.

4 Für den Belag aus Pudding-Pulver, Zucker und Milch nach Packungsanleitung – aber mit den hier angegebenen Zutaten – einen Pudding zubereiten, etwas abkühlen lassen, dann Schmand unterheben. Die Pudding-Schmand-Masse auf den Teig geben und glatt streichen.

5 Aprikosenhälften auf der Pudding-Schmand-Masse verteilen. Mandeln darauf streuen. Das Backblech in den Backofen schieben.

Ober-/Unterhitze: etwa 180 °C (vorgeheizt)
Heißluft: etwa 160 °C (nicht vorgeheizt)
Gas: etwa Stufe 3 (nicht vorgeheizt)
Backzeit: etwa 40 Minuten.

6 Das Backblech auf einen Kuchenrost stellen, den Kuchen erkalten lassen. Den Backrahmen vorsichtig mit Hilfe eines Messers lösen und entfernen.

7 Für den Guss Puderzucker mit Zitronensaft verrühren, so dass eine dickflüssige Masse entsteht. Den Guss mit Hilfe eines Teelöffels auf den Kuchen sprenkeln. Guss fest werden lassen und den Kuchen in Stücke schneiden.

Blechkuchen mit Reiscreme

Für Gäste – Mit Alkohol

Für den Knetteig:

300 g Weizenmehl
50 g Speisestärke
1 gestr. TL Backpulver
150 g Zucker
1 Pck. Vanillin-Zucker
2 Eier (Größe M)
150 g Butter oder Margarine

Für den Belag:

10 Blatt weiße Gelatine
2 Becher (je 500 g) Milchreis
nach klassischer Art
2 Becher (je 200 g)
Kirschjoghurt
3 EL Pfirsichlikör
500 ml (1/2 l) Schlagsahne
1 Dose Tortenpfirsiche
(Pfirsichspalten,
Abtropfgewicht 500 g)
1 Glas Sauerkirschen
(Abtropfgewicht 370 g)

Für den Guss:

2 Pck. Tortenguss, klar
500 ml (1/2 l) Pfirsichsaft
aus der Dose

Zubereitungszeit:

50 Minuten, ohne Kühlzeit,
und etwa 25 Minuten Backzeit

Insgesamt:

E: 131 g, F: 348 g, Kh: 904 g,
kJ: 30983, kcal: 7382

1 Für den Teig Mehl mit Speisestärke und Backpulver mischen, in eine Rührschüssel sieben. Restliche Zutaten hinzufügen und mit Handrührgerät mit Knethaken zunächst kurz auf niedrigster, dann auf höchster Stufe gut durcharbeiten.

2 Anschließend auf einer bemehlten Arbeitsfläche zu einem glatten Teig verkneten. Sollte er kleben, ihn in Folie gewickelt eine Zeit lang kalt stellen. Den Teig auf einem Backblech (30 x 40 cm, gefettet) ausrollen. Das Backblech in den Backofen schieben.

Ober-/Unterhitze: 180–200 °C (vorgeheizt)
Heißluft: 160–180 °C (vorgeheizt)
Gas: etwa Stufe 3 (vorgeheizt)
Backzeit: etwa 25 Minuten.

3 Das Backblech auf einen Kuchenrost stellen. Gebäckboden erkalten lassen. Einen Backrahmen darumstellen.

4 Für den Belag Gelatine in kaltem Wasser nach Packungsanleitung einweichen, leicht ausdrücken. Die ausgedrückte Gelatine in einem kleinen Topf unter Rühren erwärmen (nicht kochen), bis sie völlig gelöst ist, leicht abkühlen lassen. Milchreis in eine Schüssel geben, mit Joghurt verrühren. Gelatine und Likör unterrühren.

5 Sahne steif schlagen. Wenn die Reis-Joghurt-Masse anfängt dicklich zu werden, Sahne unterheben. Die Creme auf den Gebäckboden geben und glatt streichen. Den Kuchen etwa 2 Stunden kalt stellen.

6 Pfirsichspalten und Sauerkirschen getrennt in einem Sieb gut abtropfen lassen, den Pfirsichsaft dabei auffangen und 500 ml (1/2 l) davon abmessen. Die Pfirsichspalten und Sauerkirschen in Form von Blüten auf die fest gewordene Reiscreme legen. In den Zwischenräumen die restlichen Sauerkirschen verteilen.

7 Für den Guss aus Tortengusspulver und Pfirsichsaft nach Packungsanleitung (aber ohne Zucker) einen Guss zubereiten und auf die Fruchtblüten geben. Guss fest werden lassen. Den Backrahmen vorsichtig lösen und entfernen.

Kokos-Bananen-Kuchen

Für Kinder

Für den All-in-Teig:

450 g Weizenmehl

30 g Kakaopulver

1 Pck. Backpulver

225 g Zucker

6 Eier (Größe M)

225 ml Speiseöl

5 EL Milch

150 g Kokosraspel

3 Bananen (je 150 g)

Für den Belag:

400 ml Schlagsahne

40 g Zucker

2 Pck. Sahnesteif

300 g Schmand (Sauerrahm)

Zum Bestreuen:

40 g Kokosraspel

Zum Garnieren:

2 Bananen

Zitronensaft

Zubereitungszeit:

50 Minuten, ohne Abkühlzeit,
und etwa 30 Minuten Backzeit

Insgesamt:

E: 134 g, F: 592 g, Kh: 754 g,
kJ: 36959, kcal: 8825

1 Für den Teig Mehl mit Kakao und Backpulver mischen, in eine Rührschüssel sieben. Zucker, Eier, Speiseöl, Milch und Kokosraspel hinzufügen. Die Zutaten mit Handrührgerät mit Rührbesen auf höchster Stufe zunächst kurz auf niedrigster, dann auf höchster Stufe in etwa 2 Minuten zu einem glatten Teig verarbeiten. Bananen schälen, in kleine Würfel schneiden und vorsichtig unterheben.

2 Den Teig auf ein Backblech (30 x 40 cm, gefettet) geben und glatt streichen. Einen Backrahmen darumstellen. Das Backblech in den Backofen schieben.

Ober-/Unterhitze: etwa 180 °C (vorgeheizt)
Heißluft: etwa 160 °C (vorgeheizt)
Gas: Stufe 2–3 (vorgeheizt)
Backzeit: etwa 30 Minuten.

3 Das Backblech auf einen Kuchenrost stellen. Die Gebäckplatte erkalten lassen.

4 Für den Belag Sahne mit Zucker und Sahnesteif steif schlagen. Schmand vorsichtig unterheben. Sahne-Schmand-Masse auf die Gebäckplatte streichen.

5 Zum Bestreuen Kokosraspel in einer Pfanne ohne Fett unter Rühren hellbraun rösten, auf einen Teller geben und erkalten lassen.

6 Zum Garnieren Bananen schälen und in Scheiben schneiden. Bananenscheiben mit Zitronensaft beträufeln und vor dem Servieren auf die Schmand-Sahne-Masse legen. Die Zwischenräume mit Kokosraspeln bestreuen. Den Backrahmen lösen und entfernen.

Tipp: Die Kuchenoberfläche mit Bananenchips garnieren. Statt Kokosraspel können auch gehackte Haselnusskerne verwendet werden. Bananen können durch Sauerkirschen ersetzt werden.

Quark-Aprikosen-Kuchen

Gut vorzubereiten

Für den Knetteig:

300 g Weizenmehl
2 gestr. TL Backpulver
100 g Zucker, 1 Prise Salz
2 Eier (Größe M)
100 g Butter oder Margarine

Für den Belag:

je 1 große und kleine Dose
Aprikosenhälften
(Abtropfgewicht 380 g u. 240 g)

Für die Füllung:

50 g Löffelbiskuits
oder Amarettini
50 g abgezogene, gemahlene
Mandeln
1 kg Magerquark
4 Eigelb (Größe M)
150 g Zucker
3–4 EL Zitronensaft
2 Pck. Finesse Geriebene
Zitronenschale
2 Pck. Saucenpulver Vanille-
Geschmack (zum Kochen)
500 ml (1/2 l) Schlagsahne

Zum Bestreichen:

2 EL Aprikosenkonfitüre

Zum Bestreuen:

50 g abgezogene, gebräunte,
gehobelte Mandeln

Zubereitungszeit:

50 Minuten und
etwa 45 Minuten Backzeit

Insgesamt:

E: 235 g, F: 352 g, Kh: 746 g,
kJ: 29929, kcal: 7143

1 Für den Teig Mehl mit Backpulver mischen und in eine Rühr-schüssel sieben. Zucker, Salz, Eier und Butter oder Margarine hinzufügen. Die Zutaten mit Handrührgerät mit Knethaken zunächst kurz auf niedrigster, dann auf höchster Stufe gut durcharbeiten.

2 Anschließend auf einer bemehlten Arbeitsfläche zu einem glat-ten Teig verkneten. Sollte er kleben, ihn in Folie gewickelt eine Zeit lang kalt stellen.

3 Den Teig auf einem Backblech (30 x 40 cm, gefettet) ausrollen.

4 Für den Belag Aprikosenhälften in einem Sieb abtropfen lassen.

5 Für die Füllung Löffelbiskuits oder Amarettini in einen Gefrier-beutel geben, Beutel verschließen. Löffelbiskuits oder Amarettini mit einer Teigrolle zerbröseln. Gebäckbrösel mit den Mandeln vermischen und auf den Teigboden streuen. Einen Backrahmen darumstellen.

6 Quark mit Eigelb, Zucker, Zitronensaft und -schale und Saucen-pulver gut verrühren. Sahne steif schlagen und unterheben. Die Quark-Sahne-Masse auf den mit Gebäckbröseln bestreuten Teig geben und glatt streichen. Aprikosenhälften mit der Wölbung nach oben darauf verteilen. Das Backblech in den Backofen schieben.

Ober-/Unterhitze: etwa 200 °C (vorgeheizt)
Heißluft: etwa 180 °C (nicht vorgeheizt)
Gas: Stufe 3–4 (nicht vorgeheizt)
Backzeit: etwa 45 Minuten.

7 Das Backblech auf einen Kuchenrost stellen.

8 Zum Bestreichen Konfitüre durch ein Sieb streichen. Den noch heißen Kuchen damit bestreichen und mit Mandeln bestreuen. Kuchen erkalten lassen. Backrahmen lösen und entfernen.

Käsekuchen

Einfach

Für den Streuselteig:

350 g Weizenmehl
1 gestr. TL Backpulver
150 g Zucker
2 Pck. Vanillin-Zucker
2 Eier (Größe M)
100 g Butter oder Margarine

Für den Belag:

500 g Schichtkäse oder
Speisequark (20% Fett)
250 ml (¼ l) Schlagsahne
100 g Zucker
3 Eier (Größe M)
25 g Speisestärke

100 g Rosinen
50 g abgezogene, gehobelte
Mandeln

Zum Bestreuen:

2 EL Zucker
½ TL gemahlener Zimt

Zubereitungszeit:

35 Minuten und
etwa 50 Minuten Backzeit

Insgesamt:

E: 148 g, F: 255 g, Kh: 659 g,
kJ: 23184, kcal: 5536

1 Für den Teig Mehl mit Backpulver mischen und in eine Rühr-schüssel sieben. Zucker, Vanillin-Zucker, Eier und Butter oder Margarine hinzufügen. Die Zutaten mit Handrührgerät mit Knethaken zu Streuseln verarbeiten. Die Streusel auf ein Back-blech (30 x 40 cm, gefettet) oder in eine Fettfangschale (30 x 40 cm, gefettet) geben und mit einem Esslöffel zu einem Boden andrücken. Evtl. einen Backrahmen darumstellen.

2 Für den Belag Schichtkäse mit Sahne, Zucker, Eiern und Speise-stärke gut verrühren. Die Käsemasse auf den Streuselteig geben und glatt streichen. Rosinen und Mandeln darauf verteilen.

3 Das Backblech in den Backofen schieben.

Ober-/Unterhitze: etwa 180 °C (vorgeheizt)
Heißluft: etwa 160 °C (nicht vorgeheizt)
Gas: Stufe 2–3 (nicht vorgeheizt)
Backzeit: etwa 50 Minuten.

4 Das Backblech auf einen Kuchenrost stellen. Zucker und Zimt mischen, den noch heißen Kuchen damit bestreuen. Den Kuchen erkalten lassen.

Kirsch-Schmand-Kuchen mit Eierlikörguss

Fruchtig – Mit Alkohol

Zum Vorbereiten:
2 Gläser Sauerkirschen
(Abtropfgewicht je 370 g)

Für den Teig:
4 Eier (Größe M)
250 g Zucker
1 Pck. Vanillin-Zucker
125 ml (1/8 l) Speiseöl
150 ml Ginger Ale oder
Mineralwasser
250 g Weizenmehl
3 gestr. TL Backpulver

Für den Belag:
500 ml (1/2 l) Schlagsahne
3 Pck. Vanillin-Zucker
3 Pck. Sahnesteif
600 g Schmand (Sauerrahm)

Für den Eierlikörguss:
400 ml Eierlikör
2 Pck. Saucenpulver Vanille-
Geschmack (ohne Kochen)

Zubereitungszeit:
30 Minuten, ohne Kühlzeit,
und etwa 25 Minuten Backzeit

Insgesamt:
E: 105 g, F: 469 g, Kh: 833 g,
kJ: 35044, kcal: 8360

1 Zum Vorbereiten Sauerkirschen in einem Sieb gut abtropfen lassen.

2 Für den Teig Eier, Zucker und Vanillin-Zucker mit Handrührgerät mit Rührbesen auf höchster Stufe in gut 1 Minute schaumig schlagen. Speiseöl und Ginger Ale oder Mineralwasser unterrühren.

3 Mehl mit Backpulver mischen, sieben und in 2 Portionen kurz auf mittlerer Stufe unterrühren. Den Teig in eine Fettfangschale (30 x 40 cm, gefettet) geben und glatt streichen. Die Fettfangschale in den Backofen schieben.

Ober-/Unterhitze: etwa 180 °C (vorgeheizt)
Heißluft: etwa 160 °C (vorgeheizt)
Gas: Stufe 2–3 (vorgeheizt)
Backzeit: etwa 25 Minuten.

4 Die Fettfangschale auf einen Kuchenrost stellen, den Gebäckboden erkalten lassen. Einen Backrahmen darumstellen.

5 Für den Belag die Sauerkirschen auf dem Gebäckboden verteilen. Sahne mit Vanillin-Zucker und Sahnesteif steif schlagen. Schmand verrühren und die steif geschlagene Sahne unterheben. Die Masse auf den Sauerkirschen verteilen und glatt streichen.

6 Für den Guss Eierlikör mit Saucenpulver gut verrühren und auf der Sahne-Schmand-Masse verteilen. Den Kuchen etwa 1 Stunde kalt stellen, bis der Guss fest geworden ist.

7 Vor dem Servieren den Backrahmen mit Hilfe eines Messers lösen und entfernen.

Kirschkuchen mit Minzesahne

Gut vorzubereiten – Gefriergeeignet

Für den Belag:
2 Gläser Sauerkirschen
(Abtropfgewicht je 370 g)

Für den Rührteig:
250 g Butter oder Margarine
250 g Zucker
2 Pck. Vanillin-Zucker
1 Prise Salz
1 Fläschchen Zitronen-Aroma
6 Eier (Größe M)
400 g Weizenmehl
4 gestr. TL Backpulver
2–4 EL Milch

Für den Belag:
1 EL Minzeblättchen
500 ml (1/2 l) Schlagsahne
2 Pck. Sahnesteif
1 Pck. Vanillin-Zucker

*Zum Verzieren
und Garnieren:*
50 g aufgelöste
Zartbitterschokolade
einige Minzeblättchen

Zubereitungszeit:
30 Minuten, ohne Abkühlzeit,
und etwa 45 Minuten Backzeit

Insgesamt:
E: 109 g, F: 437 g, Kh: 759 g,
kJ: 31151, kcal: 7434

1 Zum Vorbereiten Sauerkirschen in einem Sieb gut abtropfen lassen.

2 Für den Teig Butter oder Margarine mit Handrührgerät mit Rührbesen auf höchster Stufe geschmeidig rühren. Nach und nach Zucker, Vanillin-Zucker, Salz und Aroma unterrühren. So lange rühren, bis eine gebundene Masse entstanden ist. Eier nach und nach unterrühren (jedes Ei etwa 1/2 Minute). Mehl mit Backpulver mischen, sieben und abwechselnd mit der Milch in 2 Portionen kurz auf mittlerer Stufe unterrühren.

3 Den Teig auf ein Backblech (30 x 40 cm, gefettet) geben und glatt streichen. Sauerkirschen darauf verteilen. Das Backblech in den Backofen schieben.

Ober-/Unterhitze: etwa 180 °C (vorgeheizt)
Heißluft: etwa 160 °C (nicht vorgeheizt)
Gas: Stufe 2–3 (nicht vorgeheizt)
Backzeit: etwa 45 Minuten.

4 Das Backblech auf einen Kuchenrost stellen. Den Kuchen erkalten lassen.

5 Für den Belag Minzeblättchen abspülen, trockentupfen, fein hacken. Sahne mit Sahnesteif und Vanillin-Zucker steif schlagen. Minze unterheben. Minzesahne auf dem Kuchen verteilen. Nach Belieben mit einem Teelöffel kleine Vertiefungen eindrücken.

6 Zum Verzieren und Garnieren Schokolade in ein Pergamentpapiertütchen füllen und eine kleine Ecke abschneiden. Den Kuchen mit der Schokolade besprenkeln und mit den Minzeblättchen garnieren. Kuchen in Stücke schneiden.

Abwandlung 1: Für einen Kirsch-Streusel-Kuchen 100 g Weizenmehl mit 50 g Zucker, 1 Päckchen Vanillin-Zucker, 1 Messerspitze gemahlenem Zimt und 80 g weicher Butter in einer Rührschüssel mit Handrührgerät mit Rührbesen zu Streuseln von gewünschter Größe verarbeiten. Die Streusel auf den Sauerkirschen verteilen, dann wie oben angegeben backen.

Triester Schnitten

Mit Alkohol

Zum Vorbereiten:
100 g Zartbitterschokolade

Für den Rührteig:
200 g Butter oder Margarine
200 g Zucker
6 Eier (Größe M)
2 Pck. Pudding-Pulver
Vanille-Geschmack
2 gestr. TL Backpulver
200 g nicht abgezogene,
gemahlene Mandeln

Zum Beträufeln:
4 EL Weinbrand

Für die Füllung:
6 Blatt weiße Gelatine
1 l Schlagsahne
50 g Zucker
2 Pck. Vanillin-Zucker

Zum Garnieren
und Bestreuen:
Schokoladentäfelchen
100 g Zartbitter-
Raspelschokolade

Zubereitungszeit:
35 Minuten, ohne Abkühlzeit,
und etwa 30 Minuten Backzeit

Insgesamt:
E: 134 g, F: 710 g, Kh: 497 g,
kJ: 37739, kcal: 9007

1 Zum Vorbereiten Schokolade in Stücke brechen, in einem Topf im Wasserbad bei schwacher Hitze geschmeidig rühren.

2 Für den Teig Butter oder Margarine mit Handrührgerät mit Rührbesen auf höchster Stufe geschmeidig rühren. Nach und nach Zucker unterrühren. So lange rühren, bis eine gebundene Masse entstanden ist. Eier nach und nach unterrühren (jedes Ei etwa 1/2 Minute). Pudding-Pulver mit Backpulver mischen, sieben und kurz auf mittlerer Stufe unterarbeiten. Zuletzt Mandeln und aufgelöste Schokolade unterrühren.

3 Den Teig auf ein Backblech (30 x 40 cm, gefettet) geben und glatt streichen. Das Backblech in den Backofen schieben.

Ober-/Unterhitze: etwa 180 °C (vorgeheizt)
Heißluft: etwa 160 °C (vorgeheizt)
Gas: Stufe 2–3 (vorgeheizt)
Backzeit: etwa 30 Minuten.

4 Das Backblech auf einen Kuchenrost stellen. Den Gebäckboden erkalten lassen. Gebäckboden zuerst senkrecht, dann noch einmal waagerecht halbieren, so dass vier Gebäckplatten (15 x 20 cm) entstehen. Zwei Gebäckplatten auf eine Platte legen und mit Weinbrand beträufeln.

5 Für die Füllung Gelatine in kaltem Wasser nach Packungsanleitung einweichen, leicht ausdrücken, in einem kleinen Topf unter Rühren erwärmen (nicht kochen), bis sie völlig gelöst ist, leicht abkühlen lassen.

6 Sahne in 2 Portionen mit Zucker und Vanillin-Zucker steif schlagen. Die aufgelöste Gelatine gut unterrühren. Die Hälfte der Sahne beiseite stellen. Restliche Sahne jeweils zur Hälfte auf die beträufelten Gebäckplatten geben und glatt streichen. Je eine Gebäckplatte darauf legen und leicht andrücken. Die Schnitten mit der beiseite gestellten Sahne bestreichen. Schnitten kalt stellen.

7 Die Oberfläche der Schnitten mit Schokoladentäfelchen garnieren und die Ränder mit Raspelschokolade bestreuen.

Aprikosen-Milchreis-Kuchen

Für Kinder

Zum Vorbereiten
für den Belag:

2 große Dosen
Aprikosenhälften
(Abtropfgewicht je 480 g)

Für den Knetteig:

300 g Weizenmehl
1 Msp. Backpulver
75 g Zucker
1 Pck. Vanillin-Zucker
1 Ei (Größe M)
175 g Butter
2 EL Wasser

Für den Belag:

375 ml (3/8 l) Milch
1 Pck. Süße Mahlzeit
Milchreis nach klassischer Art
abgeriebene Schale und
Saft von 1 Bio-Zitrone
(unbehandelt, ungewachst)
500 g Speisequark (40 %)
4 Eigelb (Größe M)
1 Pck. Saucenpulver Vanille-
Geschmack (zum Kochen)
4 Eiweiß (Größe M)

Zum Aprikotieren:

3 EL Aprikosenkonfitüre

Zum Bestäuben:

Puderzucker

Zubereitungszeit:

40 Minuten, ohne Kühlzeit,
und etwa 30 Minuten Backzeit

Insgesamt:

E: 150 g, F: 261 g, Kh: 687 g,
kJ: 24139, kcal: 5755

1 Zum Vorbereiten Aprikosenhälften in einem Sieb gut abtropfen lassen.

2 Für den Teig Mehl mit Backpulver mischen und in eine Rührschüssel sieben. Zucker, Vanillin-Zucker, Ei, Butter und Wasser hinzufügen. Die Zutaten mit Handrührgerät mit Knethaken zunächst kurz auf niedrigster, dann auf höchster Stufe gut durcharbeiten. Anschließend auf einer bemehlten Arbeitsfläche zu einem glatten Teig verkneten. Den Teig in Folie gewickelt etwa 30 Minuten kalt stellen.

3 Für den Belag aus Milch und Milchreis nach Packungsanleitung (aber mit der hier angegebenen Milchmenge) einen Milchreis zubereiten. Erkalten lassen.

4 Zitronensaft und -schale, Quark, Eigelb und Saucenpulver unter den erkalteten Milchreis rühren. Eiweiß steif schlagen und unterheben.

5 Den Teig auf einem Backblech (30 x 40 cm, gefettet) ausrollen. Einen Backrahmen darumstellen. Die Quark-Milchreis-Masse auf dem Teig verteilen. Aprikosenhälften mit der Wölbung nach oben darauf legen. Das Backblech in den Backofen schieben.

Ober-/Unterhitze: etwa 180 °C (vorgeheizt)
Heißluft: etwa 160 °C (vorgeheizt)
Gas: Stufe 2–3 (vorgeheizt)
Backzeit: etwa 30 Minuten.

6 Das Backblech auf einen Kuchenrost stellen. Den Kuchen erkalten lassen. Backrahmen lösen und entfernen.

7 Zum Aprikotieren Konfitüre in einem kleinen Topf unter Rühren erwärmen. Den Kuchen damit bestreichen. Erkalten lassen und mit Puderzucker bestäuben.

Tipp: Nach Belieben den Kuchen vor dem Backen mit Preiselbeeren oder Cranberries bestreuen. Wenn kein Backrahmen vorhanden ist, kann der Kuchen auch in einer Fettfangschale gebacken werden.

Orangen-Gitterkuchen

Leicht

Für den All-in-Teig:

200 g Weizenmehl
75 g Speisestärke
1/2 Pck. Backpulver
125 g Zucker
1 Pck. Finesse Orangenfrucht
oder abgeriebene Schale
von 1 Bio-Orange
(unbehandelt, ungewachst)
3 Eier (Größe M)
125 g weiche Butter
5 EL Orangensaft

Für die Quarkcreme:

500 g Vanillequark
2 Becher (je 150 g)
Crème fraîche
1 Pck. Saucenpulver Vanille-
Geschmack (zum Kochen)
2 Eigelb (Größe M)
2 EL Zucker
3 EL Orangensaft
2 Eiweiß (Größe M)

Zum Bestäuben:

2 EL Puderzucker

Zubereitungszeit:

40 Minuten, ohne Abkühlzeit,
und 35–40 Minuten Backzeit

Insgesamt:

E: 102 g, F: 244 g, Kh: 514 g,
kJ: 19525, kcal: 4675

1 Für den Teig Mehl mit Speisestärke und Backpulver mischen, in eine Rührschüssel sieben. Zucker, Orangenfrucht oder -schale, Eier, Butter und Orangensaft hinzufügen. Die Zutaten mit Handrührgerät mit Rührbesen zunächst kurz auf niedrigster, dann auf höchster Stufe in etwa 2 Minuten zu einem glatten Teig verarbeiten.

2 Den Teig auf ein Backblech (30 x 40 cm, gefettet) geben und glatt streichen.

3 Für die Quarkcreme Quark, Crème fraîche, Saucenpulver, Eigelb, Zucker und Orangensaft in einer Schüssel zu einer glatten Masse verrühren. Eiweiß steif schlagen und vorsichtig unterheben. Die Creme portionsweise in einen Spritzbeutel mit Sterntülle füllen.

4 In den Teig mit einem Kochlöffelstiel ein Karomuster ziehen. Die Quarkcreme in die Vertiefungen des Teiges spritzen. Das Backblech in den Backofen schieben.

Ober-/Unterhitze: etwa 180 °C (vorgeheizt)
Heißluft: etwa 160 °C (nicht vorgeheizt)
Gas: Stufe 2–3 (nicht vorgeheizt)
Backzeit: 35–40 Minuten.

5 Das Backblech auf einen Kuchenrost stellen. Den Kuchen erkalten lassen und mit Puderzucker bestäuben.

Badischer Käsekuchen

Klassisch

Für den Knetteig:

225 g Weizenmehl
60 g Zucker
1 Pck. Vanillin-Zucker
150 g Butter oder Margarine

Für den Quarkbelag:

1 kg Magerquark
60 g gesiebte Speisestärke
250 g Zucker
4 Eier (Größe M)
1 Pck. Bourbon-
Vanille-Aroma
1 Pck. Finesse Geriebene
Zitronenschale
3 EL Zitronensaft
500 ml (½ l) Schlagsahne

Für die Streusel:

150 g Weizenmehl
75 g Zucker
1 Pck. Vanillin-Zucker
100 g Butter

Zubereitungszeit:

50 Minuten, ohne Abkühlzeit,
und 70–75 Minuten Backzeit

Insgesamt:

E: 215 g, F: 406 g, Kh: 782 g,
kJ: 32161, kcal: 7679

1 Für den Teig Mehl in eine Rührschüssel sieben. Restliche Zutaten hinzufügen und mit Handrührgerät mit Knethaken zunächst kurz auf niedrigster, dann auf höchster Stufe gut durcharbeiten. Anschließend auf einer bemehlten Arbeitsfläche zu einem glatten Teig verkneten. Sollte er kleben, ihn in Folie gewickelt eine Zeit lang kalt stellen.

2 Den Teig auf einem Backblech (30 x 40 cm, gefettet) ausrollen. Teigboden mehrmals mit einer Gabel einstechen. Das Backblech in den Backofen schieben und den Boden vorbacken.

Ober-/Unterhitze: etwa 200 °C (vorgeheizt)
Heißluft: etwa 180 °C (vorgeheizt)
Gas: Stufe 3–4 (vorgeheizt)
Backzeit: etwa 15 Minuten.

3 Für den Quarkbelag Quark mit Speisestärke, Zucker, Eiern, Aroma, Zitronenschale und -saft gut verrühren. Sahne steif schlagen und unterheben.

4 Das Backblech auf einen Kuchenrost stellen. Den Gebäckboden etwas abkühlen lassen. Einen Backrahmen darumstellen. Die Quark-Sahne-Masse auf den vorgebackenen Gebäckboden geben und glatt streichen.

5 Für die Streusel Mehl in eine Rührschüssel sieben, mit Zucker und Vanillin-Zucker mischen, Butter hinzufügen. Die Zutaten mit Handrührgerät mit Knethaken zu Streuseln von gewünschter Größe verarbeiten und auf die Quark-Sahne-Masse streuen. Das Backblech wieder in den Backofen schieben und den Kuchen fertig backen.

Ober-/Unterhitze: etwa 180 °C (vorgeheizt)
Heißluft: etwa 160 °C (nicht vorgeheizt)
Gas: Stufe 2–3 (nicht vorgeheizt)
Backzeit: 55–60 Minuten.

6 Das Backblech auf einen Kuchenrost stellen. Kuchen erkalten lassen. Backrahmen entfernen. Kuchen in Stücke schneiden.

Sahniger Orangen-Pudding-Kuchen

Fruchtig

Für den Rührteig:

200 g Butter oder Margarine
200 g Zucker
1 Pck. Vanillin-Zucker
4 Eier (Größe M)
200 g Weizenmehl
2 gestr. TL Backpulver

Für die Füllung:

2 Pck. Pudding-Pulver
Vanille-Geschmack
50 g Zucker
250 ml (1/4 l) Orangensaft
2 Eigelb (Größe M)
500 ml (1/2 l) Milch
2 Eiweiß (Größe M)

Für den Belag:

400 ml Schlagsahne
40 g Zucker
2 Pck. Sahnesteif
3 EL Orangensaft

**Nach Belieben
zum Garnieren:**

einige Orangenfilets
Zitronenmelisse-Blättchen

Zubereitungszeit:

50 Minuten, ohne Abkühlzeit,
und etwa 25 Minuten Backzeit

Insgesamt:

E: 94 g, F: 359 g, Kh: 586 g,
kJ: 24975, kcal: 5959

1 Für den Teig Butter oder Margarine mit Handrührgerät mit Rührbesen auf höchster Stufe geschmeidig rühren. Nach und nach Zucker und Vanillin-Zucker unterrühren. So lange rühren, bis eine gebundene Masse entstanden ist.

2 Eier nach und nach unterrühren (jedes Ei etwa 1/2 Minute). Mehl mit Backpulver mischen, sieben und in 2 Portionen kurz auf mittlerer Stufe unterrühren. Den Teig auf ein Backblech (30 x 40 cm, gefettet) geben und glatt streichen. Das Backblech in den Backofen schieben.

Ober-/Unterhitze: etwa 180 °C (vorgeheizt)
Heißluft: etwa 160 °C (vorgeheizt)
Gas: Stufe 2–3 (vorgeheizt)
Backzeit: etwa 25 Minuten.

3 Das Backblech auf einen Kuchenrost stellen. Den Gebäckboden erkalten lassen.

4 Für die Füllung Pudding-Pulver mit Zucker mischen, mit Orangensaft und Eigelb glatt rühren. Milch in einem Topf zum Kochen bringen, von der Kochstelle nehmen und das angerührte Pudding-Pulver einrühren. Den Pudding unter Rühren aufkochen lassen und von der Kochstelle nehmen. Eiweiß steif schlagen und sofort unter den heißen Pudding heben. Die Puddingmasse auf den Gebäckboden geben und glatt streichen. Puddingmasse erkalten lassen.

5 Für den Belag Sahne mit Zucker und Sahnesteif steif schlagen. Orangensaft unterheben. Die Sahnemasse mit einem Esslöffel wellenartig auf die Puddingmasse streichen. Nach Belieben mit Orangenfilets und Zitronenmelisse-Blättchen garnieren.

Tipp: Der Kuchen kann am Vortag zubereitet werden.
Die Kuchenoberfläche mit Schoko-Butterkeksen garnieren.

Stachelbeerschnitten

Für Gäste – Dauert etwas länger

(Fortsetzung Seite 70)

Für den Knetteig:

300 g Weizenmehl
50 g Speisestärke
1 gestr. TL Backpulver
150 g Zucker
1 Pck. Vanillin-Zucker
1 Ei (Größe M)
150 g Butter oder Margarine

Für die Füllung:

750 g frische Stachelbeeren
oder 2 Gläser Stachelbeeren
(Abtropfgewicht je 390 g)
200 g Zucker, 2 EL Wasser
1 Pck. Tortenguss, klar
1 EL Zucker
250 ml (1/4 l) Stachelbeersaft

Für den Krokant:

1 Msp. Butter, 1 EL Zucker
30 g abgezogene, gehackte
Mandeln
etwas Speiseöl

Für den Belag:

500 ml (1/2 l) Schlagsahne
50 g Zucker
1 Pck. Vanillin-Zucker
2 Pck. Sahnesteif
4 EL Zitronensaft

Zubereitungszeit:

60 Minuten, ohne Abkühl-
und Durchziehzeit, und
etwa 15 Minuten Backzeit

Insgesamt:

E: 65 g, F: 328 g, Kh: 815 g,
kJ: 27235, kcal: 6502

1 Für den Teig Mehl mit Speisestärke und Backpulver mischen, in eine Rührschüssel sieben. Zucker, Vanillin-Zucker, Ei und Butter oder Margarine hinzufügen. Die Zutaten mit Handrührgerät mit Knethaken zunächst kurz auf niedrigster, dann auf höchster Stufe gut durcharbeiten. Anschließend auf einer bemehlten Arbeitsfläche zu einem glatten Teig verkneten. Sollte er kleben, ihn in Folie gewickelt eine Zeit lang kalt stellen.

2 Den Teig auf einem Backblech (30 x 40 cm, gefettet) ausrollen. Teigboden mehrmals mit einer Gabel einstechen. Das Backblech in den Backofen schieben.

Ober-/Unterhitze: etwa 180 °C (vorgeheizt)
Heißluft: etwa 160 °C (vorgeheizt)
Gas: Stufe 2–3 (vorgeheizt)
Backzeit: etwa 15 Minuten.

3 Das Backblech auf einen Kuchenrost stellen. Die Gebäckplatte sofort nach dem Backen senkrecht halbieren. Gebäckhälften vom Backblech lösen und auf einem Kuchenrost erkalten lassen.

4 Für die Füllung frische Stachelbeeren waschen, abtropfen lassen, Blüten- und Stängelansätze entfernen. Stachelbeeren in einem Topf mit Zucker und Wasser zugedeckt etwa 5 Minuten dünsten.

5 Die gedünsteten Stachelbeeren oder Stachelbeeren aus dem Glas in einem Sieb abtropfen lassen, den Saft dabei auffangen und 250 ml (1/4 l) davon abmessen, evtl. mit Wasser auffüllen. Einen Guss aus Tortengusspulver, Zucker und dem aufgefangenen Saft nach Packungsanleitung zubereiten. Stachelbeeren unterheben. Masse erkalten lassen.

6 Für den Krokant Butter in einer Pfanne zerlassen. Zucker unter Rühren darin schwach bräunen lassen. Mandeln hinzufügen und unter Rühren erhitzen, bis der Krokant genügend gebräunt ist. Die Masse auf eine mit Speiseöl bestrichene Platte geben, erkalten lassen. Krokantmasse mit einer Teigrolle in kleine Stücke zerstoßen.

7 Eine Gebäckhälfte auf eine Platte legen. Die Stachelbeermasse darauf verteilen.

8 Für den Belag Sahne mit Zucker, Vanillin-Zucker und Sahnesteif steif schlagen. Unter die Hälfte der Sahne Zitronensaft rühren. Die Zitronensahne auf die Stachelbeermasse geben und glatt streichen. Die zweite Gebäckhälfte darauf legen und vorsichtig andrücken. Die restliche Sahne gleichmäßig darauf verteilen, mit Hilfe einer Gabel verzieren und mit Krokant bestreuen. Den Kuchen etwas durchziehen lassen. Anschließend in Schnitten schneiden.

Raspelkuchen mit Sauerkirschen

Schnell – Einfach

Zum Vorbereiten:
2 Gläser Sauerkirschen
(Abtropfgewicht je 370 g)

Für den Rührteig:
250 g Butter oder Margarine
200 g Zucker
1 Pck. Vanillin-Zucker
1 Prise Salz
5 Eier (Größe M)
375 g Weizenmehl
3 gestr. TL Backpulver
2 EL Milch

Für den Belag:
150 g Butter
200 g Zucker
1 Pck. Vanillin-Zucker
200 g Kokosraspel
2–3 EL Milch

Zubereitungszeit:
25 Minuten, ohne Abkühlzeit,
und etwa 40 Minuten Backzeit

Insgesamt:
E: 98 g, F: 506 g, Kh: 842 g,
kJ: 34884, kcal: 8326

1 Zum Vorbereiten Sauerkirschen in einem Sieb gut abtropfen lassen.

2 Für den Teig Butter oder Margarine mit Handrührgerät mit Rührbesen auf höchster Stufe geschmeidig rühren. Nach und nach Zucker, Vanillin-Zucker und Salz unterrühren. So lange rühren, bis eine gebundene Masse entstanden ist.

3 Eier nach und nach unterrühren (jedes Ei etwa 1/2 Minute). Mehl mit Backpulver mischen, sieben und abwechselnd mit der Milch in 2 Portionen kurz auf mittlerer Stufe unterrühren. Den Teig auf ein Backblech (30 x 40 cm, gefettet) geben und glatt streichen. Sauerkirschen darauf verteilen.

4 Für den Belag Butter in einem Topf zerlassen. Nach und nach Zucker und Vanillin-Zucker hinzufügen und unter Rühren schmelzen lassen. Den Topf von der Kochstelle nehmen, Kokosraspel und Milch unterrühren.

5 Die Kokosmasse auf dem mit Sauerkirschen belegten Teig verteilen. Das Backblech in den Backofen schieben.

Ober-/Unterhitze: etwa 180 °C (vorgeheizt)
Heißluft: etwa 160 °C (nicht vorgeheizt)
Gas: Stufe 2–3 (nicht vorgeheizt)
Backzeit: etwa 40 Minuten.

6 Das Backblech auf einen Kuchenrost stellen. Den Kuchen erkalten lassen und in Stücke schneiden.

Rhabarberkuchen

Fruchtig – Für Gäste

Für den Rührteig:

250 g Butter oder Margarine
150 g Zucker
2 Pck. Vanillin-Zucker
1 Prise Salz
abgeriebene Schale von
1 Bio-Zitrone
(unbehandelt, ungewachst)
2 Eier (Größe M)
250 g Weizenmehl
2 gestr. TL Backpulver
100 g abgezogene,
gemahlene Mandeln

Für den Belag:

1–1½ kg Rhabarber

Für den Guss:

4 Eiweiß (Größe M)
4 Eigelb (Größe M)
150 g Zucker
1 TL gemahlener Zimt
2 Becher je (150 g)
Crème fraîche

Zum Bestäuben:

Puderzucker

Zubereitungszeit:

60 Minuten und
etwa 60 Minuten Backzeit

Insgesamt:

E: 110 g, F: 415 g, Kh: 540 g,
kJ: 26600, kcal: 6361

1 Für den Teig Butter oder Margarine mit Handrührgerät mit Rührbesen auf höchster Stufe geschmeidig rühren. Nach und nach Zucker, Vanillin-Zucker, Salz und Zitronenschale unterrühren. So lange rühren, bis eine gebundene Masse entstanden ist.

2 Eier nach und nach unterrühren (jedes Ei etwa ½ Minute). Mehl mit Backpulver mischen, sieben und abwechselnd mit den Mandeln in 2 Portionen kurz auf mittlerer Stufe unterrühren.

3 Den Teig in eine Fettfangschale (30 x 40 cm, gefettet) geben und glatt streichen.

4 Für den Belag Rhabarber waschen, abtropfen lassen, Stielenden und Blattansätze entfernen. Stangen in etwa 2 cm lange Stücke schneiden und auf dem Teig verteilen.

5 Die Fettfangschale in den Backofen schieben.

Ober-/Unterhitze: 180–200 °C
(vorgeheizt, untere Einschubleiste)
Heißluft: 160–180 °C (nicht vorgeheizt)
Gas: etwa Stufe 3 (nicht vorgeheizt, untere Einschubleiste)
Backzeit: etwa 60 Minuten.

6 Für den Guss Eiweiß steif schlagen. Eigelb mit Zucker cremig schlagen. Zimt und Crème fraîche unterrühren. Eiweiß unterheben. Den Guss nach etwa 30 Minuten Backzeit auf dem Rhabarber verteilen und den Kuchen fertig backen.

7 Die Fettfangschale auf einen Kuchenrost stellen. Den Kuchen erkalten lassen. Vor dem Servieren mit Puderzucker bestäuben.

Gefüllter Butterkuchen

Fruchtig

Für den Hefeteig:

375 g Weizenmehl
1 Pck. Trockenhefe
50 g Zucker
1 Pck. Vanillin-Zucker
1 Prise Salz
1 Ei (Größe M)
50 g zerlassene,
abgekühlte Butter
200 ml lauwarme Milch

Für den Belag:

100 g kalte Butter
75 g Zucker
1 Pck. Vanillin-Zucker
100 g abgezogene,
gehobelte Mandeln

Für die Pudding-Apfel-Füllung:

750 ml (³/₄ l) Milch
80 g Zucker
2 Pck. Pudding-Pulver
Vanille-Geschmack
1 Glas Apfelkompott
(Einwaage 360 g)

Zubereitungszeit:

etwa 20 Minuten, ohne
Teiggeh- und Kühlzeit, und
etwa 15 Minuten Backzeit

Insgesamt:

E: 102 g, F: 228 g, Kh: 669 g,
kJ: 21521, kcal: 5134

---

1 Für den Teig Mehl in eine Rührschüssel sieben, mit Trockenhefe sorgfältig vermischen. Zucker, Vanillin-Zucker, Salz, Ei, Butter und Milch hinzufügen.

2 Die Zutaten mit Handrührgerät mit Knethaken zunächst kurz auf niedrigster, dann auf höchster Stufe in etwa 5 Minuten zu einem Teig verarbeiten. Den Teig zugedeckt so lange an einem warmen Ort stehen lassen, bis er sich sichtbar vergrößert hat.

3 Den Teig leicht mit Mehl bestäuben, aus der Schüssel nehmen und auf einer leicht bemehlten Arbeitsfläche nochmals kurz durchkneten.

4 Den Teig auf einem Backblech (30 x 40 cm, gefettet) ausrollen.

5 Für den Belag mit Hilfe eines Kochlöffelstiels leichte Vertiefungen in den Teig drücken und Butter in Flöckchen gleichmäßig darauf setzen. Zucker mit Vanillin-Zucker mischen, den Teig damit bestreuen, Mandeln gleichmäßig darauf verteilen. Den Teig nochmals zugedeckt so lange an einem warmen Ort gehen lassen, bis er sich sichtbar vergrößert hat. Das Backblech in den Backofen schieben.

Ober-/Unterhitze: etwa 200 °C (vorgeheizt)
Heißluft: etwa 180 °C (vorgeheizt)
Gas: Stufe 3–4 (vorgeheizt)
Backzeit: etwa 15 Minuten.

6 Das Backblech auf einen Kuchenrost stellen, den Kuchen darauf erkalten lassen. Den Kuchen vierteln und jeweils waagerecht halbieren.

7 Für die Füllung aus Milch, Zucker und Pudding-Pulver nach Packungsanleitung (aber mit den hier angegebenen Zutaten) einen Pudding zubereiten, sofort mit Klarsichtfolie zudecken. Pudding etwas abkühlen lassen.

8 Die warme Puddingmasse mit dem Apfelkompott vermengen und auf den unteren Kuchenhälften verteilen. Die oberen Kuchenhälften darauf legen und leicht andrücken. Kuchen etwa 2 Stunden kalt stellen.

Maulwurfshügel

Für Gäste – Raffiniert

Für den Rührteig:

250 g Butter oder Margarine
200 g Zucker
1 Pck. Vanillin-Zucker
1 Prise Salz
5 Eier (Größe M)
375 g Weizenmehl
3 gestr. TL Backpulver
30 g Kakaopulver
3 EL Milch

Für die Füllung:

1 Glas Sauerkirschen
(Abtropfgewicht 370 g)
3–4 Bananen
3 EL Zitronensaft
8 Blatt weiße Gelatine
250 ml ($\frac{1}{4}$ l) Sauerkirschsaft
aus dem Glas
800 ml Schlagsahne
1 Pck. Vanillin-Zucker
50 g Zartbitter-
Raspelschokolade

Zum Bestäuben:

Puderzucker

Zubereitungszeit:

55 Minuten, ohne Kühlzeit,
und etwa 40 Minuten Backzeit

Insgesamt:

E: 129 g, F: 528 g, Kh: 728 g,
kJ: 34440, kcal: 8222

1 Für den Teig Butter oder Margarine mit Handrührgerät mit Rührbesen auf höchster Stufe geschmeidig rühren. Nach und nach Zucker, Vanillin-Zucker und Salz unterrühren. So lange rühren, bis eine gebundene Masse entstanden ist. Eier nach und nach unterrühren (jedes Ei etwa 1/2 Minute). Mehl mit Backpulver und Kakao mischen, sieben, abwechselnd mit der Milch in 2 Portionen kurz auf mittlerer Stufe unterrühren.

2 Einen Backrahmen auf ein Backblech (30 x 40 cm, gefettet) stellen, den Teig hineingeben und glatt streichen. Das Backblech in den Backofen schieben.

Ober-/Unterhitze: etwa 180 °C (vorgeheizt)
Heißluft: etwa 160 °C (nicht vorgeheizt)
Gas: Stufe 2–3 (nicht vorgeheizt)
Backzeit: etwa 40 Minuten.

3 Das Backblech auf einen Kuchenrost stellen. Gebäckboden erkalten lassen. Den Gebäckboden mit Hilfe eines Esslöffels so aushöhlen, dass ein etwa 1 cm dicker Boden und ein etwa 1 cm breiter Rand stehen bleibt. Das ausgehöhlte Gebäck fein zerbröseln. Gebäckbrösel beiseite stellen.

4 Für die Füllung Kirschen gut abtropfen lassen, Saft dabei auffangen und 250 ml (1/4 l) davon abmessen. Kirschen auf Küchenpapier trockentupfen. Bananen schälen, längs halbieren, in den ausgehöhlten Gebäckboden legen, mit Zitronensaft beträufeln. Kirschen dazwischen verteilen.

5 Gelatine in kaltem Wasser nach Packungsanleitung einweichen, leicht ausdrücken, mit etwas von dem Kirschsaft in einem kleinen Topf unter Rühren erwärmen (nicht kochen), bis sie völlig gelöst ist, leicht abkühlen lassen. Restlichen Kirschsaft hinzufügen, kalt stellen.

6 Sahne mit Vanillin-Zucker steif schlagen. Sobald die Kirschflüssigkeit anfängt dicklich zu werden, Sahne unterheben. Raspelschokolade vorsichtig unterrühren. Die Sahnemasse kuppelartig mit einem Esslöffel auf den Kirschen und Bananen verteilen. Gebäckbrösel darauf streuen. Den Kuchen kalt stellen. Vor dem Servieren mit Puderzucker bestäuben.

Friesischer Streuselkuchen

Klassisch – Gut vorzubereiten

1 Für den Knetteig Mehl mit Backpulver mischen und in eine Rührschüssel sieben. Vanillin-Zucker, Crème fraîche und Butter oder Margarine hinzufügen. Die Zutaten mit Handrührgerät mit Knethaken zunächst kurz auf niedrigster, dann auf höchster Stufe gut durcharbeiten.

2 Anschließend auf einer bemehlten Arbeitsfläche zu einem glatten Teig verkneten. Sollte er kleben, ihn in Folie gewickelt eine Zeit lang kalt stellen.

3 Den Teig auf einem Backblech (30 x 40 cm, gefettet, mit Backpapier belegt) ausrollen. Den Teigboden mehrmals mit einer Gabel einstechen.

4 Für den Streuselteig Mehl in eine Rührschüssel sieben, mit Zucker, Vanillin-Zucker und Zimt mischen. Butter oder Margarine hinzufügen. Die Zutaten mit Handrührgerät mit Knethaken zu Streuseln von gewünschter Größe verarbeiten. Teigstreusel auf dem Knetteigboden verteilen. Das Backblech in den Backofen schieben.

Ober-/Unterhitze: etwa 200 °C (vorgeheizt)
Heißluft: etwa 180 °C (vorgeheizt)
Gas: Stufe 3–4 (vorgeheizt)
Backzeit: etwa 20 Minuten.

5 Den Gebäckboden mit dem Backpapier vom Backblech auf eine Arbeitsfläche ziehen und sofort senkrecht halbieren. Eine Gebäckhälfte in 12 Stücke schneiden. Gebäckstücke und -boden erkalten lassen.

6 Für die Füllung den Gebäckboden mit dem Pflaumenmus bestreichen. Sahne mit Sahnesteif, Zucker und Vanillin-Zucker steif schlagen. Die Sahne in einen Spritzbeutel mit Sterntülle füllen und gleichmäßig auf dem Pflaumenmus verteilen. Die 12 Gebäckstücke darauf legen und etwas andrücken.

7 Gebäckstücke bis zum Servieren kalt stellen und am besten mit einem Sägemesser (Schneide mit Wellenschliff) in Schnitten schneiden. Mit Puderzucker bestäuben.

Kirschkuchen, gedeckt

Dauert etwas länger – Mit Alkohol

Für den Hefeteig:

200 g Weizenmehl
1 Pck. Trockenhefe
25 g Zucker
1 Pck. Vanillin-Zucker
1 Eigelb (Größe M)
1 Becher (150 g)
Crème fraîche

Für den Knetteig:

100 g Weizenmehl
1 gestr. TL Backpulver
25 g Zucker
50 g Butter oder Margarine
evtl. 1 EL Wasser

Für die Füllung:

1 kg frische Süßkirschen
125 ml (1/8 l) Wasser
50 g Speisestärke
100 g Zucker
4 EL Wasser
2 EL Kirschwasser
2 EL Semmelbrösel

Für den Belag:

75 g Butter
50 g Zucker
1 Pck. Vanillin-Zucker
100 g abgezogene,
gestiftelte Mandeln

Zubereitungszeit:

75 Minuten, ohne Teiggeh-
und Abkühlzeit, und
etwa 25 Minuten Backzeit

Insgesamt:

E: 72 g, F: 224 g, Kh: 623 g,
kJ: 20387, kcal: 4878

1 Für den Hefeteig Mehl in eine Rührschüssel sieben, mit Trockenhefe sorgfältig vermischen. Zucker, Vanillin-Zucker, Eigelb und Crème fraîche hinzufügen. Die Zutaten mit Handrührgerät mit Knethaken zunächst kurz auf niedrigster, dann auf höchster Stufe in etwa 5 Minuten zu einem Teig verarbeiten. Den Teig zugedeckt so lange an einem warmen Ort stehen lassen, bis er sich sichtbar vergrößert hat.

2 Für den Knetteig Mehl mit Backpulver mischen, in eine Rührschüssel sieben. Restliche Zutaten hinzufügen und mit Handrührgerät mit Knethaken zunächst kurz auf niedrigster, dann auf höchster Stufe gut durcharbeiten. Den Hefe- und Knetteig auf einer bemehlten Arbeitsfläche gut miteinander verkneten, dann den Zwillingsteig halbieren. Eine Teighälfte auf einem Backblech (30 x 40 cm, gefettet) ausrollen.

3 Für die Füllung Kirschen waschen, abtropfen lassen, entsteinen, halbieren. Kirschen mit Wasser zugedeckt in einem Topf etwa 5 Minuten dünsten. Speisestärke mit Zucker mischen, mit Wasser anrühren und unter die Kirschen rühren. Kirschmasse unter Rühren gut aufkochen lassen, Kirschwasser unterrühren. Die Kirschmasse etwas abkühlen lassen. Semmelbrösel auf den Teig streuen, die Kirschmasse darauf verteilen.

4 Restlichen Zwillingsteig auf einer bemehlten Arbeitsfläche zu einer rechteckigen Platte in Größe des Backblechs ausrollen. Teigplatte über eine Teigrolle aufwickeln und auf der Kirschmasse wieder abrollen. Teigränder gut zusammendrücken.

5 Für den Belag Butter zerlassen. Zucker, Vanillin-Zucker und Mandeln unterrühren. Unter Rühren erhitzen, bis eine einheitliche Masse entstanden ist. Die Masse mit einem Esslöffel auf dem Teig verteilen. Das Backblech in den Backofen schieben.

Ober-/Unterhitze: etwa 200 °C (vorgeheizt)
Heißluft: etwa 180 °C (vorgeheizt)
Gas: Stufe 3–4 (vorgeheizt)
Backzeit: etwa 25 Minuten

6 Das Backblech auf einen Kuchenrost stellen, Kuchen erkalten lassen.

Kokos-Bienenstich

Raffiniert

Zum Vorbereiten:

2 Dosen Ananasraspel
(Abtropfgewicht je 340 g)

Für den Hefeteig:

375 g Weizenmehl
1 Pck. Trockenhefe
50 g Zucker
1 Pck. Vanillin-Zucker
1 Prise Salz, 1 Ei (Größe M)
200 ml lauwarme Milch
50 g zerlassene, abgekühlte
Butter oder Margarine

Für den Belag:

100 g flüssiger Akazienhonig
150 g Butter, 75 g Zucker
1 Pck. Vanillin-Zucker
5 EL Schlagsahne
150 g Kokosraspel

Für die Füllung:

2 Pck. Pudding-Pulver
Vanille-Geschmack
125 g Zucker
750 ml (3/4 l) Ananassaft
aus der Dose, evtl. mit
Wasser aufgefüllt
2 Becher (400 ml)
Schlagsahne

Zubereitungszeit:

60 Minuten, ohne
Teiggeh- und Kühlzeit, und
etwa 15 Minuten Backzeit

Insgesamt:

E: 83 g, F: 431 g, Kh: 919 g,
kJ: 33014, kcal: 7872

1 Zum Vorbereiten Ananasraspel in einem Sieb abtropfen lassen, den Saft dabei auffangen und 750 ml (3/4 l) davon abmessen, evtl. mit Wasser auffüllen.

2 Für den Teig Mehl in eine Rührschüssel sieben und mit der Trockenhefe sorgfältig vermischen. Zucker, Vanillin-Zucker, Salz, Ei, Milch und Butter oder Margarine hinzufügen.

3 Die Zutaten mit Handrührgerät mit Knethaken zunächst kurz auf niedrigster, dann auf höchster Stufe in etwa 5 Minuten zu einem Teig verarbeiten. Den Teig zugedeckt so lange an einem warmen Ort stehen lassen, bis er sich sichtbar vergrößert hat.

4 Für den Belag Honig, Butter, Zucker, Vanillin-Zucker und Sahne in einem Topf unter Rühren langsam erhitzen und kurz aufkochen lassen. Kokosraspel unterrühren. Die Masse abkühlen lassen, dabei ab und zu umrühren.

5 Den Teig leicht mit Mehl bestäuben, aus der Schüssel nehmen, auf einer leicht bemehlten Arbeitsfläche nochmals kurz durchkneten und auf einem Backblech (30 x 40 cm, gefettet) oder in einer Fettfangschale ausrollen. Die Honig-Kokosraspel-Masse darauf verteilen. Teig nochmals zugedeckt so lange an einem warmen Ort gehen lassen, bis er sich sichtbar vergrößert hat.

6 Das Backblech oder die Fettfangschale in den Backofen schieben.

Ober-/Unterhitze: etwa 200 °C (vorgeheizt)
Heißluft: etwa 180 °C (vorgeheizt)
Gas: Stufe 3–4 (vorgeheizt)
Backzeit: etwa 15 Minuten.

7 Das Backblech oder die Fettfangschale auf einen Kuchenrost stellen. Den Gebäckboden erkalten lassen.

8 Für die Füllung aus Pudding-Pulver, Zucker und Ananassaft nach Packungsanleitung – aber mit den hier angegebenen Zutaten – einen Pudding zubereiten, in eine Schüssel geben und mit Klarsichtfolie zudecken. Pudding erkalten lassen.

(Fortsetzung Seite 84)

9 Sahne steif schlagen. Den erkalteten Pudding nochmals durchrühren und die Sahne unterheben.

10 Den Gebäckboden vierteln und jeweils waagerecht halbieren. Die Pudding-Sahne-Creme auf die unteren Gebäckböden geben und glatt streichen. Die oberen Gebäckböden darauf legen und leicht andrücken. Den Bienenstich 2–3 Stunden kalt stellen.

Abwandlung: Anstelle der Kokosraspel können Sie für den Belag auch die gleiche Menge gehobelte oder gehackte Haselnusskerne oder Mandeln verwenden.

Streuselkuchen mit Apfelmus

Einfach

Für den Streuselteig:

500 g Weizenmehl
1 Pck. Backpulver
200 g Zucker
1 Pck. Vanillin-Zucker
1 gestr. TL gemahlener Zimt
1 Ei (Größe M)
250 g Butter oder Margarine

Für die Füllung:

3 Gläser Apfelmus
(Einwaage je 370 g)
evtl. 100 g Rosinen

Zubereitungszeit:

30 Minuten und
45–55 Minuten Backzeit

Insgesamt:

E: 64 g, F: 230 g, Kh: 757 g,
kJ: 22461, kcal: 5360

1 Für den Teig Mehl mit Backpulver mischen und in eine Rührschüssel sieben. Zucker, Vanillin-Zucker, Zimt, Ei und Butter oder Margarine hinzufügen. Die Zutaten mit Handrührgerät mit Knethaken zunächst kurz auf niedrigster, dann auf höchster Stufe zu Streuseln verarbeiten.

2 Die Hälfte der Streusel auf ein Backblech (30 x 40 cm, gefettet) geben und zu einem Boden andrücken.

3 Für die Füllung Apfelmus evtl. mit Rosinen verrühren und auf dem Teig verteilen. Restlichen Streuselteig darauf streuen. Das Backblech in den Backofen schieben.

Ober-/Unterhitze: 180–200 °C (vorgeheizt)
Heißluft: 160–180 °C (nicht vorgeheizt)
Gas: etwa Stufe 3 (nicht vorgeheizt)
Backzeit: 45–55 Minuten.

4 Das Backblech auf einen Kuchenrost stellen. Den Kuchen erkalten lassen und in Stücke schneiden.

Rhabarber-Pfirsich-Kuchen

Für Gäste

Für den Hefeteig:

375 g Weizenmehl
1 Pck. Trockenhefe
50 g Zucker
1 Pck. Vanillin-Zucker
1 Prise Salz
1 Ei (Größe M)
125 ml (¹/₈ l) lauwarme Milch
75 g zerlassene, abgekühlte
Butter oder Margarine

Für den Streuselteig:

150 g Weizenmehl
100 g Haferflocken
100 g Zucker
etwas gemahlener Zimt
1 Prise Salz
175 g Butter oder Margarine

Für den Belag:

4 reife Pfirsiche (etwa 700 g)
1 kg Rhabarber

Zubereitungszeit:

65 Minuten, ohne Teiggehzeit,
und etwa 35 Minuten Backzeit

Insgesamt:

E: 95 g, F: 241 g, Kh: 673 g,
kJ: 22033, kcal: 5257

1 Für den Hefeteig Mehl in eine Rührschüssel sieben, mit Trockenhefe sorgfältig vermischen. Zucker, Vanillin-Zucker, Salz, Ei, Milch und Butter oder Margarine hinzufügen. Die Zutaten mit Handrührgerät mit Knethaken zunächst kurz auf niedrigster, dann auf höchster Stufe in etwa 5 Minuten zu einem Teig verarbeiten. Den Teig zugedeckt so lange an einem warmen Ort stehen lassen, bis er sich sichtbar vergrößert hat.

2 Für den Streuselteig Mehl in eine Rührschüssel sieben, mit Haferflocken, Zucker, Zimt und Salz mischen, Butter oder Margarine hinzufügen. Die Zutaten mit Handrührgerät mit Knethaken zu Streuseln von gewünschter Größe verarbeiten. Streuselteig beiseite stellen.

3 Für den Belag Pfirsiche in kochendes Wasser legen (nicht kochen lassen), kurz in kaltem Wasser abschrecken. Pfirsiche enthäuten, halbieren, entsteinen. Das Fruchtfleisch in Spalten schneiden. Rhabarber waschen, abtropfen lassen, Stielenden und Blattansätze entfernen. Stangen in etwa 2 cm lange Stücke schneiden.

4 Den Hefeteig leicht mit Mehl bestäuben, aus der Schüssel nehmen und auf einer bemehlten Arbeitsfläche nochmals kurz durchkneten. Den Hefeteig auf einem Backblech (30 x 40 cm, gefettet) ausrollen. Einen Backrahmen darumstellen. Pfirsichspalten und Rhabarberstückchen gleichmäßig auf dem Teig verteilen. Die beiseite gestellten Streusel darauf streuen. Den Teig zugedeckt nochmals so lange an einem warmen Ort gehen lassen, bis er sich sichtbar vergrößert hat. Das Backblech in den Backofen schieben.

Ober-/Unterhitze: etwa 180 °C (vorgeheizt)
Heißluft: etwa 160 °C (nicht vorgeheizt)
Gas: Stufe 2–3 (nicht vorgeheizt)
Backzeit: etwa 35 Minuten.

5 Das Backblech auf einen Kuchenrost stellen. Den Kuchen erkalten lassen. Backrahmen lösen und entfernen.

Tipp: Schneller geht es mit 1 Dose Pfirsichhälften (Abtropfgewicht 500 g). Dann Pfirsichhälften in einem Sieb gut abtropfen lassen.

Freiburger Apfelkuchen

Für Gäste

Für den Knetteig:

375 g Weizenmehl
1 gestr. TL Backpulver
75 g Zucker
1 Pck. Vanillin-Zucker
1 Ei (Größe M)
250 g Butter oder Margarine

Für den Belag:

2 kg säuerliche Äpfel
75 g Zucker
75 g Rosinen
1 gestr. TL gemahlener Zimt
75 g gehobelte Haselnusskerne
evtl. etwas Zucker

Für den Guss:

4 Eigelb (Größe M)
125 g Zucker
1 Pck. Vanillin-Zucker
4 geriebene Zwiebäcke
250 g saure Sahne
4 Eiweiß (Größe M)

25 g gehobelte Haselnusskerne

Zubereitungszeit:

60 Minuten, ohne Abkühlzeit,
und etwa 45 Minuten Backzeit

Insgesamt:

E: 108 g, F: 347 g, Kh: 850 g,
kJ: 29180, kcal: 6975

1 Für den Teig Mehl mit Backpulver mischen und in eine Rührschüssel sieben. Zucker, Vanillin-Zucker, Ei und Butter oder Margarine hinzufügen. Die Zutaten mit Handrührgerät mit Knethaken zunächst kurz auf niedrigster, dann auf höchster Stufe gut durcharbeiten.

2 Anschließend auf einer bemehlten Arbeitsfläche zu einem glatten Teig verkneten. Sollte er kleben, ihn in Folie gewickelt eine Zeit lang kalt stellen.

3 Den Teig auf einem Backblech (30 x 40 cm, gefettet) ausrollen. Den Teig mehrmals mit einer Gabel einstechen. Das Backblech in den Backofen schieben und den Boden vorbacken.

Ober-/Unterhitze: etwa 200 °C (vorgeheizt)
Heißluft: etwa 180 °C (vorgeheizt)
Gas: Stufe 3–4 (vorgeheizt)
Backzeit: etwa 15 Minuten.

4 Das Backblech auf einen Kuchenrost stellen.

5 Für den Belag Äpfel schälen, vierteln, entkernen und in kleine Stücke schneiden. Apfelstücke mit Zucker, Rosinen und Zimt in einem Topf unter Rühren leicht dünsten, abkühlen lassen. Haselnusskerne unterrühren, evtl. mit Zucker abschmecken. Die Apfelmasse auf dem vorgebackenen Gebäckboden verteilen.

6 Für den Guss Eigelb mit Zucker und Vanillin-Zucker schaumig schlagen. Geriebene Zwiebäcke und saure Sahne unterrühren. Eiweiß steif schlagen und unterheben. Den Guss auf der Apfelmasse verteilen. Haselnusskerne darauf streuen. Das Backblech wieder in den Backofen schieben und den Kuchen **bei der oben angegebenen Backofeneinstellung in etwa 30 Minuten** fertig backen.

Apfel-Pommes-Kuchen, rot-weiß

Für Kinder – Raffiniert

Für den Hefeteig:

375 g Weizenmehl
1 Pck. Trockenhefe
50 g Zucker
1 Pck. Vanillin-Zucker
1 Prise Salz
1 Ei (Größe M)
50 g zerlassene,
abgekühlte Butter
200 ml lauwarme Milch

Für den Belag:

1 Pck. Pudding-Pulver
Vanille-Geschmack
50 g Zucker
500 ml (1/2 l) Milch
1 Becher (250 g) Schmand
(Sauerrahm)
1,5 kg kleine Äpfel

1 Becher (250 g) Schmand
(Sauerrahm)
1/2 Glas (200 g)
Wild-Preiselbeeren

Zubereitungszeit:

35 Minuten, ohne Teiggehzeit,
und etwa 40 Minuten Backzeit

Insgesamt:

E: 92 g, F: 190 g, Kh: 694 g,
kJ: 20382, kcal: 4868

1 Für den Teig Mehl in eine Rührschüssel sieben, mit Trockenhefe sorgfältig vermischen. Zucker, Vanillin-Zucker, Salz, Ei, Butter und Milch hinzufügen.

2 Die Zutaten mit Handrührgerät mit Knethaken zunächst kurz auf niedrigster, dann auf höchster Stufe in etwa 5 Minuten zu einem Teig verarbeiten. Den Teig zugedeckt so lange an einem warmen Ort stehen lassen, bis er sich sichtbar vergrößert hat.

3 Für den Belag aus Pudding-Pulver, Zucker und Milch nach Packungsanleitung einen Pudding zubereiten. Schmand unter den heißen Pudding rühren, etwas abkühlen lassen.

4 Äpfel schälen, vierteln und entkernen. Apfelviertel gerade schneiden und Stifte (Pommesgröße) daraus schneiden. Die abgeschnittenen Apfelreste klein schneiden und unter den Pudding heben.

5 Den Teig leicht mit Mehl bestäuben, aus der Schüssel nehmen, auf einer bemehlten Arbeitsfläche nochmals kurz durchkneten und auf einem Backblech (30 x 40 cm, gefettet) ausrollen.

6 Apfel-Pudding-Masse darauf geben und glatt streichen. Einen Backrahmen darumstellen. Apfelstifte darauf verteilen. Den belegten Teig zugedeckt nochmals so lange an einem warmen Ort gehen lassen, bis er sich sichtbar vergrößert hat. Das Backblech in den Backofen schieben.

Ober-/Unterhitze: etwa 180 °C (vorgeheizt)
Heißluft: etwa 160 °C (nicht vorgeheizt)
Gas: Stufe 2–3 (nicht vorgeheizt)
Backzeit: etwa 40 Minuten.

7 Das Backblech auf einen Kuchenrost stellen. Den Kuchen etwas abkühlen lassen. Abwechselnd Schmand und Preiselbeeren mit Hilfe eines Teelöffels als Kleckse auf den Kuchen geben. Backrahmen lösen und entfernen. Kuchen erkalten lassen und in Stücke schneiden.

Zwetschen-Marzipan-Schnitten

Für Gäste

Für den Teig:
1 Pck. (450 g) TK-Blätterteig

Für die Krokantmasse:
30 g gesiebter Puderzucker
10 g Butter
50 g abgezogene,
gehobelte Mandeln

Für den Belag:
750 g Zwetschen

Für die Creme:
200 g Marzipan-Rohmasse
1 Eiweiß (Größe M)
2 EL Kirschkonfitüre

Zum Bestreichen:
1 Eigelb
1 EL Milch

Zubereitungszeit:
60 Minuten, ohne Auftau-
und Abkühlzeit, und etwa
35 Minuten Backzeit

Insgesamt:
E: 72 g, F: 222 g, Kh: 376 g,
kJ: 15972, kcal: 3819

1 Für den Teig Blätterteigplatten nebeneinander zugedeckt bei Zimmertemperatur auftauen lassen.

2 Für die Krokantmasse Puderzucker in einem kleinen Topf goldgelb karamellisieren lassen. Butter und Mandeln unterrühren. Die Masse auf einem mit Speiseöl bestrichenen Stück Alufolie gleichmäßig verteilen und erkalten lassen. Krokantmasse in kleine Stücke brechen.

3 Für den Belag Zwetschen waschen, gut abtropfen lassen, halbieren und entsteinen. Zwetschenhälften in Spalten schneiden.

4 Für die Creme Marzipan-Rohmasse in kleine Stücke schneiden, mit Eiweiß und Konfitüre zu einer glatten Creme verrühren (evtl. mit dem Pürierstab pürieren).

5 Teigplatten aufeinander legen und auf einer bemehlten Arbeitsfläche zu einem Rechteck (etwa 35 x 40 cm) ausrollen. Das Teigrechteck auf ein Backblech (mit Backpapier belegt) legen. Marzipancreme darauf verteilen, dabei auf jeder Seite etwa 5 cm frei lassen. Zwetschenspalten auf die Marzipancreme legen. Freie Teigstreifen zur Mitte klappen.

6 Zum Bestreichen Eigelb mit Milch verschlagen, die umgeklappten Teigstreifen damit bestreichen. Mit Mandelkrokant bestreuen. Das Backblech in den Backofen schieben.

Ober-/Unterhitze: etwa 200 °C (vorgeheizt)
Heißluft: etwa 180 °C (nicht vorgeheizt)
Gas: Stufe 3–4 (nicht vorgeheizt)
Backzeit: etwa 35 Minuten.

7 Das Backblech auf einen Kuchenrost stellen. Kuchen erkalten lassen.

Tipp: Früchte mit heißer Sauerkirschkonfitüre bestreichen und erkalten lassen. Zwetschen-Marzipan-Schnitten am gleichen Tag verzehren, da Blätterteig über Nacht leicht „gummiartig" wird. Mit Zimt-Sahne servieren. Statt Zwetschen können auch gewaschene, gut abgetropfte, entsteinte Sauerkirschen verwendet werden.

Kirsch-Nester-Kuchen

Für Kinder – Gut vorzubereiten

Zum Vorbereiten:
1 Glas Sauerkirschen
(Abtropfgewicht 370 g)

Für den Knetteig:
425 g Weizenmehl
40 g Kakaopulver
3 gestr. TL Backpulver
200 g Zucker
2 Pck. Vanillin-Zucker
2 Eier (Größe M)
250 g Butter oder Margarine

Für die Füllung:
1 kg Magerquark
250 g Zucker
2 Pck. Pudding-Pulver
Vanille-Geschmack
4 Eier (Größe M)
250 g zerlassene, abgekühlte
Butter oder Margarine

Zubereitungszeit:
45 Minuten und
etwa 45 Minuten Backzeit

Insgesamt:
E: 235 g, F: 479 g, Kh: 948 g,
kJ: 38066, kcal: 9084

1 Zum Vorbereiten Sauerkirschen in einem Sieb gut abtropfen lassen.

2 Für den Teig Mehl mit Kakao und Backpulver mischen, in eine Rührschüssel sieben. Zucker, Vanillin-Zucker, Eier und Butter oder Margarine hinzufügen. Die Zutaten mit Handrührgerät mit Knethaken zunächst kurz auf niedrigster, dann auf höchster Stufe gut durcharbeiten.

3 Anschließend auf einer bemehlten Arbeitsfläche zu einem glatten Teig verkneten. Sollte er kleben, ihn in Folie gewickelt eine Zeit lang kalt stellen.

4 Zwei Drittel des Teiges auf einem Backblech (30 x 40 cm, gefettet) ausrollen.

5 Für die Füllung Quark, Zucker, Pudding-Pulver und Eier in eine Rührschüssel geben. Die Zutaten mit Handrührgerät mit Rührbesen zu einer geschmeidigen Masse verrühren. Zuletzt Butter oder Margarine hinzugeben. Die Quarkmasse auf den Teigboden geben und glatt streichen.

6 Die abgetropften Sauerkirschen in Nestern auf die Quarkmasse geben. Restlichen Teig in Stücke zupfen, evtl. etwas Mehl unterkneten und dekorativ zwischen den Kirschen verteilen. Das Backblech in den Backofen schieben.

Ober-/Unterhitze: etwa 180 °C (vorgeheizt)
Heißluft: etwa 160 °C (nicht vorgeheizt)
Gas: Stufe 2–3 (nicht vorgeheizt)
Backzeit: etwa 45 Minuten.

7 Das Backblech auf einen Kuchenrost stellen. Den Kuchen erkalten lassen.

Tipp: Der Kuchen kann am Vortag zubereitet werden. Anstelle von Sauerkirschen Stachelbeeren oder Aprikosenhälften verwenden. Die Früchte können auch direkt auf den Teig gegeben werden, dann erinnert der Kuchen in der Optik an Russischen Zupfkuchen.

Erdbeer-Käse-Kuchen

Raffiniert

Für den Knetteig:

300 g Weizenmehl
1½ gestr. TL Backpulver
150 g Zucker
1 Pck. Vanillin-Zucker
1 Prise Salz
200 g Butter oder Margarine

Für den Käsebelag:

250 g Butter oder Margarine
250 g Zucker
4 Eier (Größe M)
200 g Doppelrahm-Frischkäse
500 g Magerquark
1 Pck. Pudding-Pulver
Vanille-Geschmack
Saft von 1 Zitrone
1 Pck. Finesse Geriebene
Zitronenschale

Für den Erdbeerbelag:

etwa 1½ kg frische Erdbeeren
2 Pck. Tortenguss, rot
50 g Zucker
500 ml (½ l) Flüssigkeit
(halb Wasser, halb Apfelsaft)

Zubereitungszeit:

70 Minuten, ohne Abkühlzeit,
und etwa 45 Minuten Backzeit

Insgesamt:

E: 165 g, F: 481 g, Kh: 865 g,
kJ: 35661, kcal: 8512

1 Für den Teig Mehl mit Backpulver mischen und in eine Rührschüssel sieben. Zucker, Vanillin-Zucker, Salz und Butter oder Margarine hinzufügen. Die Zutaten mit Handrührgerät mit Knethaken zunächst kurz auf niedrigster, dann auf höchster Stufe gut durcharbeiten.

2 Anschließend auf einer bemehlten Arbeitsfläche zu einem glatten Teig verkneten. Sollte er kleben, ihn in Folie gewickelt eine Zeit lang kalt stellen. Den Teig auf einem Backblech (30 x 40 cm, gefettet) ausrollen. Einen Backrahmen darumstellen.

3 Für den Belag Butter oder Margarine mit Handrührgerät mit Rührbesen geschmeidig rühren. Zucker nach und nach unterrühren. So lange rühren, bis eine gebundene Masse entstanden ist.

4 Eier nach und nach unterrühren (jedes Ei etwa ½ Minute). Frischkäse, Quark, Pudding-Pulver, Zitronensaft und -schale hinzufügen. Die Zutaten zu einer glatten Masse verrühren.

5 Die Quarkmasse auf dem Teig verteilen. Das Backblech in den Backofen schieben.

Ober-/Unterhitze: etwa 180 °C (vorgeheizt)
Heißluft: etwa 160 °C (nicht vorgeheizt)
Gas: Stufe 2–3 (nicht vorgeheizt)
Backzeit: etwa 45 Minuten.

6 Das Backblech auf einen Kuchenrost stellen. Kuchen erkalten lassen.

7 Für den Belag Erdbeeren waschen, gut abtropfen lassen, entstielen und halbieren. Erdbeerhälften auf den Gebäckboden legen. Aus Tortengusspulver, Zucker, Wasser und Apfelsaft nach Packungsanleitung einen Guss zubereiten und auf den Erdbeerhälften verteilen. Guss fest werden lassen.

8 Den Backrahmen vorsichtig lösen und entfernen. Den Kuchen in Stücke schneiden.

Bunte Obstvariationen

Einfach

Für den Rührteig:

150 g Butter oder Margarine
100 g Zucker
1 Pck. Vanillin-Zucker
1 Prise Salz
2 Eier (Größe M)
200 g Weizenmehl
1 gestr. TL Backpulver

Für den Belag:

500 ml (½ l) Milch
1 Pck. Pudding-Pulver
Vanille-Geschmack
40 g Zucker
2 kg vorbereitete Früchte
(z. B. Beerenfrüchte: rote und
schwarze Johannisbeeren,
Brombeeren, Himbeeren,
Erdbeeren und Heidelbeeren
oder Aprikosen, Nektarinen,
rote Pflaumen und
Melonenkugeln oder Kiwis,
Erdbeeren, rote und grüne
Stachelbeeren und kernlose
Weintrauben)

Für den Guss:

2 Pck. Tortenguss, klar
500 ml (½ l) Apfelsaft oder
Weißwein und Wasser
3–4 gestr. EL Zucker

Zubereitungszeit:

60 Minuten, ohne Abkühlzeit,
und etwa 20 Minuten Backzeit

Insgesamt:

E: 72 g, F: 167 g, Kh: 607 g,
kJ: 18149, kcal: 4330

1 Für den Teig Butter oder Margarine mit Handrührgerät mit Rührbesen auf höchster Stufe geschmeidig rühren. Nach und nach Zucker, Vanillin-Zucker und Salz unterrühren. So lange rühren, bis eine gebundene Masse entstanden ist.

2 Eier nach und nach unterrühren (jedes Ei etwa ½ Minute). Mehl mit Backpulver mischen, sieben und in 2 Portionen kurz auf mittlerer Stufe unterrühren. Den Teig auf ein Backblech (30 x 40 cm, gefettet) geben und glatt streichen. Das Backblech in den Backofen schieben.

Ober-/Unterhitze: etwa 180 °C (vorgeheizt)
Heißluft: etwa 160 °C (vorgeheizt)
Gas: Stufe 2–3 (vorgeheizt)
Backzeit: etwa 20 Minuten.

3 Das Backblech auf einen Kuchenrost stellen. Die Gebäckplatte erkalten lassen. Einen Backrahmen darumstellen.

4 Für den Belag aus Milch, Pudding-Pulver und Zucker nach Packungsanleitung einen Pudding zubereiten. Pudding erkalten lassen, dabei ab und zu umrühren. Den Pudding auf die Gebäckplatte geben und glatt streichen. Die vorbereiteten Früchte (große Früchte halbieren oder in Spalten schneiden) auf dem Pudding verteilen.

5 Für den Guss aus Tortengusspulver, Apfelsaft oder Weißwein und Wasser und Zucker nach Packungsanleitung einen Guss zubereiten und auf den Früchten verteilen. Guss fest werden lassen. Backrahmen lösen und entfernen.

Beilage: Mit Bourbon-Vanille-Zucker gesüßte steif geschlagene Schlagsahne.

Tipp: Für Liebhaber der Vollkorn-Bäckerei wird der Zucker durch Rohrzucker ersetzt und das Mehl durch Vollkorn-Weizenmehl. Dann zusätzlich ½ Teelöffel Backpulver und 2–3 Esslöffel Milch hinzufügen.

Apfelkuchen mit Guss

Für Gäste

Für den Hefeteig:

375 g Weizenmehl
1 Pck. Hefeteig Garant
50 g Zucker
1 Pck. Vanillin-Zucker
1 Prise Salz
200 ml Milch
75 g weiche Butter
oder Margarine

Für den Belag:

1,2 kg Äpfel
50 g Korinthen
100 g abgezogene,
gestiftelte Mandeln
1/2 gestr. TL gemahlener Zimt
1 Pck. Vanillin-Zucker

Für den Guss:

1 Becher (150 g)
Crème fraîche
100 ml Schlagsahne
1 Ei (Größe M)
50 g Zucker

Zubereitungszeit:

55 Minuten, ohne Ruhezeit,
und etwa 45 Minuten Backzeit

Insgesamt:

E: 86 g, F: 218 g, Kh: 559 g,
kJ: 19259, kcal: 4600

1 Für den Teig Mehl in eine Rührschüssel sieben, mit Hefeteig Garant sorgfältig vermischen. Zucker, Vanillin-Zucker, Salz, Milch und Butter oder Margarine hinzufügen.

2 Die Zutaten mit Handrührgerät mit Knethaken zunächst kurz auf niedrigster, dann auf höchster Stufe in etwa 2 Minuten zu einem Teig verarbeiten.

3 Den Teig leicht mit Mehl bestäuben, aus der Schüssel nehmen und zu einer Rolle formen. Teigrolle in einer Fettfangschale (30 x 40 cm, gefettet) ausrollen.

4 Für den Belag Äpfel schälen, vierteln, entkernen und in Spalten schneiden. Apfelspalten dachziegelartig auf den Teig legen. Korinthen und Mandeln darauf verteilen. Zimt mit Vanillin-Zucker mischen und darauf streuen. Den Teig etwa 15 Minuten ruhen lassen. Das Backblech in den Backofen schieben und den Kuchen vorbacken.

Ober-/Unterhitze: etwa 180 °C (vorgeheizt)
Heißluft: etwa 160 °C (vorgeheizt)
Gas: Stufe 2–3 (vorgeheizt)
Backzeit: etwa 25 Minuten.

5 Das Backblech auf einen Kuchenrost stellen.

6 Für den Guss Crème fraîche mit Sahne, Ei und Zucker glatt rühren. Den Guss auf den Apfelspalten verteilen. Die Fettfangschale wieder in den Backofen schieben und den Kuchen **bei der oben angegebenen Backofeneinstellung in etwa 20 Minuten** fertig backen.

Kirsch-Butterkuchen

Für Gäste

Zum Vorbereiten:

2 Gläser Sauerkirschen
(Abtropfgewicht je 370 g)

Für den Quark-Öl-Teig:

300 g Weizenmehl
1 Pck. Backpulver
150 g Magerquark
100 ml Milch
100 ml Speiseöl
80 g Zucker
1 Pck. Vanillin-Zucker
1 Prise Salz

Für die Kirschbutter:

4 EL Kirschkonfitüre
125 g weiche Butter
3 Eigelb (Größe M)
3 Eiweiß (Größe M)
75 g Zucker

Zubereitungszeit:

40 Minuten und
etwa 30 Minuten Backzeit

Insgesamt:

E: 84 g, F: 236 g, Kh: 618 g,
kJ: 20801, kcal: 4964

1 Zum Vorbereiten Sauerkirschen in einem Sieb gut abtropfen lassen.

2 Für den Teig Mehl mit Backpulver mischen und in eine Rührschüssel sieben. Quark, Milch, Speiseöl, Zucker, Vanillin-Zucker und Salz hinzufügen. Die Zutaten mit Handrührgerät mit Knethaken zunächst kurz auf niedrigster, dann auf höchster Stufe in etwa 1 Minute zu einem Teig verarbeiten (nicht zu lange, Teig klebt sonst). Den Teig auf einer bemehlten Arbeitsfläche zu einer Rolle formen.

3 Den Teig auf einem Backblech (30 x 40 cm, gefettet) ausrollen. Sauerkirschen darauf verteilen.

4 Für die Kirschbutter Konfitüre mit Butter und Eigelb gut verrühren. Eiweiß steif schlagen und den Zucker unterrühren. Die Eiweißmasse unter die Kirschbutter heben und auf den mit Sauerkirschen belegten Teig streichen. Das Backblech in den Backofen schieben.

Ober-/Unterhitze: 180–200 °C (vorgeheizt)
Heißluft: 160–180 °C (vorgeheizt)
Gas: etwa Stufe 3 (vorgeheizt)
Backzeit: etwa 30 Minuten.

5 Das Backblech auf ein Kuchenrost stellen, den Kuchen erkalten lassen.

Abwandlung: Statt der Kirschbutter können auch Mandelstreusel auf die Sauerkirschen gegeben werden. Dafür aus 250 g Weizenmehl, 200 g Zucker und 200 g Butterflöckchen Streusel von gewünschter Größe zubereiten, 100 g abgezogene, gehobelte Mandeln unterheben. Die Streusel auf die Kirschen streuen und bei der oben angegebenen Backofeneinstellung etwa 40 Minuten backen.

Kirsch-Bananen-Streuselkuchen

Für Kinder

Für den Quark-Öl-Teig:

300 g Weizenmehl
1 Pck. Backpulver
150 g Magerquark
7 EL Milch
6 EL Speiseöl
75 g Zucker
1 Pck. Vanillin-Zucker
1 Prise Salz

Für den Belag:

1 Pck. Pudding-Pulver
Vanille-Geschmack
5 EL Wasser
2 Becher (je 500 g)
Kirschgrütze aus dem
Kühlregal

Für die Streusel:

250 g Bananen-Chips
1 reife Banane
180 g Weizenmehl
80 g Zucker
1 Pck. Vanillin-Zucker
½ gestr. TL gemahlener Zimt
120 g zerlassene Butter

Zum Bestäuben:

2–3 EL Puderzucker

Zubereitungszeit:

45 Minuten und
etwa 35 Minuten Backzeit

Insgesamt:

E: 86 g, F: 246 g, Kh: 1047 g,
kJ: 28337, kcal: 6745

1 Für den Teig Mehl mit Backpulver mischen, in eine Rührschüssel sieben. Quark, Milch, Speiseöl, Zucker, Vanillin-Zucker und Salz hinzufügen. Die Zutaten mit Handrührgerät mit Knethaken zunächst kurz auf niedrigster, dann auf höchster Stufe in etwa 1 Minute zu einem Teig verarbeiten (nicht zu lange, Teig klebt sonst).

2 Anschließend auf einer bemehlten Arbeitsfläche zu einer Rolle formen und auf einem Backblech (30 x 40 cm, gefettet) ausrollen.

3 Für den Belag Pudding-Pulver mit Wasser anrühren. Einen Becher Kirschgrütze in einem kleinen Topf unter Rühren zum Kochen bringen. Angerührtes Pudding-Pulver unter Rühren in die Kirschgrütze rühren und unter Rühren nochmals aufkochen lassen. Kirschgrütze von der Kochstelle nehmen und den zweiten Becher Kirschgrütze unterrühren.

4 Die Kirschgrütze auf den Teig geben und glatt streichen.

5 Für die Streusel Bananen-Chips in einen Gefrierbeutel geben, Beutel fest verschließen. Bananen-Chips mit einer Teigrolle fein zerbröseln oder Bananen-Chips mit einem Messer fein hacken. Banane schälen und mit einer Gabel zerdrücken.

6 Chipsbrösel und die zerdrückte Banane in eine Rührschüssel geben. Mehl, Zucker, Vanillin-Zucker, Zimt und die heiße Butter hinzufügen. Die Zutaten mit Handrührgerät mit Rührbesen zunächst kurz auf niedrigster, dann auf mittlerer Stufe zu Streuseln von gewünschter Größe verarbeiten.

7 Die Streusel auf der Kirschgrütze verteilen. Das Backblech in den Backofen schieben.

Ober-/Unterhitze: 180–200 °C (vorgeheizt)
Heißluft: 160–180 °C (nicht vorgeheizt)
Gas: etwa 3 (nicht vorgeheizt)
Backzeit: etwa 35 Minuten.

8 Das Backblech auf einen Kuchenrost stellen. Den Kuchen erkalten lassen und mit Puderzucker bestäuben.

Möhren-Orangen-Kuchen

Gut vorzubereiten – Mit Alkohol

Zum Vorbereiten:

375 g Möhren

Für den Biskuitteig:

6 Eier (Größe M)
300 g Zucker
2 Pck. Vanillin-Zucker
1 Prise Salz
4 EL Rum
90 g Weizenmehl
3 gestr. TL Backpulver
300 g nicht abgezogene,
gemahlene Mandeln

Für den Belag:

4 Blatt weiße Gelatine
2 Pck. Pudding-Pulver
Vanille-Geschmack
150 g Zucker
750 ml (³⁄₄ l) Orangensaft
1 Becher (250 g) Schmand
(Sauerrahm)
1 Pck. Finesse Orangenfrucht
500 ml (¹⁄₂ l) Schlagsahne

Zum Garnieren
und Besprenkeln:

2 Dosen Mandarinen
(Abtropfgewicht je 175 g)
30 g aufgelöste
Zartbitterschokolade

Zubereitungszeit:

80 Minuten, ohne Abkühlzeit,
und etwa 30 Minuten Backzeit

Insgesamt:

E: 146 g, F: 429 g, Kh: 796 g,
kJ: 32503, kcal: 7755

1 Zum Vorbereiten Möhren putzen, schälen, waschen, abtropfen lassen und auf einer Haushaltsreibe fein raspeln.

2 Für den Teig Eier mit Zucker, Vanillin-Zucker und Salz in eine Rührschüssel geben. Die Zutaten mit Handrührgerät mit Rührbesen auf höchster Stufe in etwa 5 Minuten schaumig rühren. Rum unterrühren.

3 Mehl mit Backpulver mischen, sieben, mit der Hälfte der Mandeln auf niedrigster Stufe unterrühren. Restliche Mandeln und Möhrenraspel vorsichtig unterheben.

4 Den Teig auf ein Backblech (30 x 40 cm, gefettet) geben und glatt streichen. Das Backblech in den Backofen schieben.

Ober-/Unterhitze: etwa 180 °C (vorgeheizt)
Heißluft: etwa 160 °C (vorgeheizt)
Gas: Stufe 2–3 (vorgeheizt)
Backzeit: etwa 30 Minuten.

5 Das Backblech auf einen Kuchenrost stellen. Den Biskuitboden erkalten lassen.

6 Für den Belag Gelatine in kaltem Wasser nach Packungsanleitung einweichen. Einen Pudding aus Pudding-Pulver, Zucker und Orangensaft – aber nur mit 750 ml (³⁄₄ l) Orangensaft – nach Packungsanleitung zubereiten. Den Pudding in eine Schüssel geben, ausgedrückte Gelatine unterrühren, bis sie völlig gelöst ist. Pudding sofort mit Klarsichtfolie zudecken und erkalten lassen.

7 Schmand und Orangenfrucht unter den erkalteten Pudding rühren. Sahne steif schlagen und unterheben. Die Creme auf den Biskuitboden geben und glatt streichen. Mit einer Gabel oder einem Tortengarnierkamm ein Muster in die Oberfläche ziehen.

8 Zum Garnieren und Besprenkeln Mandarinen in einem Sieb gut abtropfen lassen und dekorativ auf der Creme verteilen. Aufgelöste Schokolade in einen kleinen Gefrierbeutel geben und eine kleine Ecke abschneiden. Den Kuchen mit der Schokolade besprenkeln. Schokolade fest werden lassen.

Schneller Apfel-Buttermilch-Kuchen

Einfach-Foto

Für den Rührteig:

250 g Butter oder Margarine
250 g Kandisfarin
(brauner Zucker)
2 Eier (Größe M)
350 g Weizenmehl
2 gestr. TL Backpulver
125 ml (1/8 l) Buttermilch

Für den Belag:

1 kg säuerliche Äpfel
60 g Butter, 50 g Kandisfarin

Zubereitungszeit:

etwa 45 Minuten und
etwa 35 Minuten Backzeit

Insgesamt:

E: 60 g, F: 286 g, Kh: 637 g,
kJ: 22444, kcal: 5363

1 Für den Teig Butter oder Margarine mit Handrührgerät mit Rührbesen auf höchster Stufe geschmeidig rühren. Nach und nach Zucker unterrühren. So lange rühren, bis eine gebundene Masse entstanden ist. Eier nach und nach unterrühren (jedes Ei etwa 1/2 Minute). Mehl mit Backpulver mischen, sieben, abwechselnd mit der Buttermilch in 2 Portionen kurz auf mittlerer Stufe unterrühren. Den Teig auf ein Backblech (30 x 40 cm, gefettet) geben und glatt streichen.

2 Für den Belag Äpfel schälen, vierteln und entkernen. Die Viertel quer in Scheiben schneiden und dachziegelartig auf den Teig legen. Butterflöckchen auf den Apfelscheiben verteilen und mit Zucker bestreuen. Das Backblech in den Backofen schieben.

Ober-/Unterhitze: etwa 180 °C (vorgeheizt)
Heißluft: etwa 160 °C (nicht vorgeheizt)
Gas: Stufe 2–3 (nicht vorgeheizt)
Backzeit: etwa 35 Minuten.

3 Backblech auf einen Kuchenrost stellen. Kuchen erkalten lassen.

Kirsch-Rührkuchen mit Mandeln

Einfach – Titelfoto

Zum Vorbereiten:

1 Glas Sauerkirschen
(Abtropfgewicht 370 g)
1 Dose Mandarinen
(Abtropfgewicht 175 g)

Für den Rührteig:

225 g Butter oder Margarine
200 g Zucker, 1 Pck. Vanillin-
Zucker, 1 Prise Salz, 4 Eier
(Größe M), 300 g Weizen-
mehl, 1 Pck. Pudding-Pulver
Vanille-Geschmack

1 Zum Vorbereiten Sauerkirschen und Mandarinen getrennt in je einem Sieb gut abtropfen lassen.

2 Für den Teig Butter oder Margarine mit Handrührgerät mit Rührbesen auf höchster Stufe geschmeidig rühren. Nach und nach Zucker, Vanillin-Zucker und Salz unterrühren. So lange rühren, bis eine gebundene Masse entstanden ist.

3 Eier nach und nach unterrühren (jedes Ei etwa 1/2 Minute). Mehl mit Pudding-Pulver und Backpulver mischen, sieben, abwechselnd mit der Milch in 2 Portionen kurz auf mittlerer Stufe unterrühren.

(Fortsetzung Seite 110)

3 1/2 gestr. TL Backpulver
1–2 EL Milch

Zum Bestreuen:
100 g abgezogene, gehobelte
Mandeln, 30 g Kandisfarin

Zubereitungszeit:
30 Minuten und
etwa 35 Minuten Backzeit

Insgesamt:
E: 85 g, F: 280 g, Kh: 592 g,
kJ: 21940, kcal: 5235

4 Den Teig auf ein Backblech (30 x 40 cm, gefettet) geben und glatt streichen. Sauerkirschen und Mandarinen darauf verteilen. Mit Mandeln und Zucker bestreuen. Das Backblech in den Backofen schieben.

Ober-/Unterhitze: etwa 180 °C (vorgeheizt)
Heißluft: etwa 160 °C (nicht vorgeheizt)
Gas: Stufe 2–3 (nicht vorgeheizt)
Backzeit: etwa 35 Minuten.

5 Das Backblech auf einen Kuchenrost stellen. Den Kuchen erkalten lassen.

Pflaumen-Grieß-Kuchen

Klassisch – Für Kinder

Für den Streuselteig:
350 g Weizenmehl
1 gestr. TL Backpulver
150 g Zucker
2 Pck. Vanillin-Zucker
2 Eier (Größe M)
100 g Butter oder Margarine

Für den Belag:
2 Gläser Pflaumenhälften
(Abtropfgewicht je 385 g)
200 g Pflaumenmus
1 l Milch, 1 l Schlagsahne
4 Pck. Creme Pudding
Garant Grieß

Zubereitungszeit:
40 Minuten und
etwa 45 Minuten Backzeit

Insgesamt:
E: 121 g, F: 454 g, Kh: 1021 g,
kJ: 36409, kcal: 8675

1 Für den Teig Mehl mit Backpulver mischen und in eine Rührschüssel sieben. Zucker, Vanillin-Zucker, Eier und Butter oder Margarine hinzufügen. Die Zutaten mit Handrührgerät mit Knethaken zu Streuseln verarbeiten. Die Streusel in eine Fettfangschale geben und zu einem Boden andrücken.

2 Für den Belag Pflaumenhälften in einem Sieb gut abtropfen lassen. Den Teigboden gleichmäßig mit Pflaumenmus bestreichen, dabei einen etwa 1 cm breiten Rand frei lassen. Die Pflaumenhälften auf dem Pflaumenmus verteilen.

3 Milch und Sahne in einem Topf zum Kochen bringen, Topf von der Kochstelle nehmen. Garant Pudding-Pulver hinzufügen, mit einem Schneebesen in etwa 1 Minute zu einer Creme verrühren. Die Grießcreme vom Rand aus auf die Pflaumenhälften geben und glatt streichen. Das Backblech in den Backofen schieben.

Ober-/Unterhitze: etwa 180 °C (vorgeheizt)
Heißluft: etwa 160 °C (nicht vorgeheizt)
Gas: Stufe 2–3 (nicht vorgeheizt)
Backzeit: etwa 45 Minuten.

4 Den Kuchen noch etwa 10 Minuten im ausgeschalteten Backofen stehen lassen, dann das Backblech auf einen Kuchenrost stellen und den Kuchen erkalten lassen.

Rosenkuchen mit Äpfeln und Mohn

Etwas schwieriger – Dauert länger

Zum Vorbereiten:
1 Pck. (450 g) TK-Blätterteig

Für den Hefeteig:
300 g Weizenmehl
(Type 550)
½ Pck. (21 g) frische Hefe
50 g Zucker
125 ml (⅛ l) lauwarme Milch
2 Eigelb (Größe M)
50 g zerlassene, abgekühlte
Butter oder Margarine

Für die Füllung:
2 Pck. (je 250 g) Mohn-Back
1 Ei (Größe M)
1 Pck. Saucenpulver Vanille-
Geschmack, (zum Kochen)
50 ml Milch
2 mittelgroße säuerliche Äpfel
50 g Walnuss-, Pekannuss-
oder Paranusskerne
30 g kandierter Ingwer
50 g fein gehacktes Zitronat
(Sukkade)

Zum Bestreichen:
2 Eiweiß

Zum Bestäuben:
2 EL Puderzucker

Zubereitungszeit:
70 Minuten, ohne Auftau-
und Teiggehzeit, und
etwa 30 Minuten Backzeit

Insgesamt:
E: 115 g, F: 251 g, Kh: 651 g,
kJ: 22241, kcal: 5313

1 Zum Vorbereiten Blätterteigplatten nebeneinander zugedeckt bei Zimmertemperatur auftauen lassen.

2 Für den Teig Mehl in eine Rührschüssel sieben. In die Mitte eine Vertiefung drücken. Hefe hineinbröckeln, Zucker und etwas von der Milch hinzufügen. Mit einer Gabel vorsichtig verrühren und etwa 10 Minuten gehen lassen. Eigelb, restliche Milch und Butter oder Margarine hinzufügen. Die Zutaten mit Handrührgerät mit Knethaken zunächst kurz auf niedrigster, dann auf höchster Stufe in etwa 5 Minuten zu einem Teig verarbeiten. Den Teig zugedeckt so lange an einem warmen Ort stehen lassen, bis er sich sichtbar vergrößert hat.

3 Für die Füllung Mohn-Back mit Ei, Saucenpulver und Milch gut verrühren. Äpfel schälen, vierteln, entkernen und grob raspeln. Apfelraspel, Nusskerne, grob gehackten Ingwer und Zitronat zu der Mohnmasse geben und unterrühren.

4 Blätterteigplatten wieder aufeinander legen und auf einer leicht bemehlten Arbeitsfläche dünn ausrollen (etwa 40 x 60 cm). Teigplatte mit verschlagenem Eiweiß bestreichen.

5 Den gegangenen Teig leicht mit Mehl bestäuben, aus der Schüssel nehmen, auf einer bemehlten Arbeitsfläche nochmals kurz durchkneten und zu einem Rechteck (etwa 40 x 60 cm) ausrollen. Die Teigplatte über eine Teigrolle aufwickeln, auf der Blätterteigplatte wieder abrollen und etwas andrücken. Die Mohnmasse darauf verteilen und den Teig von der längeren Seite her aufrollen.

6 Teigrolle in etwa 3 cm dicke Scheiben schneiden. Nebeneinander (sollen sich fast berühren) auf ein Backblech (30 x 40 cm, gefettet) legen. Das Backblech in den Backofen schieben.

Ober-/Unterhitze: etwa 180 °C (vorgeheizt)
Heißluft: etwa 160 °C (vorgeheizt)
Gas: Stufe 2–3 (vorgeheizt)
Backzeit: etwa 30 Minuten.

7 Das Backblech auf einen Kuchenrost stellen. Den Kuchen erkalten lassen und mit Puderzucker bestäuben.

Aprikosenkuchen mit 2 Böden

Für Gäste

Zum Vorbereiten
für den Belag:

2 Dosen Aprikosenhälften
(Abtropfgewicht je 470 g)

Für den Knetteig:

225 g Weizenmehl
60 g Zucker
1 Pck. Vanillin-Zucker
150 g Butter oder Margarine

Für den Rührteig:

125 g Butter oder Margarine
125 g Zucker
1 Pck. Vanillin-Zucker
3 Eier (Größe M)
75 g Weizenmehl
50 g Speisestärke
1 gestr. TL Backpulver

Zum Bestreuen:

50 g Zucker

Zubereitungszeit:

45 Minuten, ohne Abkühlzeit,
und 50–55 Minuten Backzeit

Insgesamt:

E: 63 g, F: 259 g, Kh: 681 g,
kJ: 22369, kcal: 5338

1 Zum Vorbereiten Aprikosenhälften in einem Sieb gut abtropfen lassen. Aprikosenhälften vierteln.

2 Für den Knetteig Mehl in eine Rührschüssel sieben. Zucker, Vanillin-Zucker und Butter oder Margarine hinzufügen. Die Zutaten mit Handrührgerät mit Knethaken zunächst kurz auf niedrigster, dann auf höchster Stufe gut durcharbeiten.

3 Anschließend auf einer leicht bemehlten Arbeitsfläche zu einem glatten Teig verkneten. Sollte er kleben, ihn in Folie gewickelt eine Zeit lang kalt stellen.

4 Den Teig auf einem Backblech (30 x 40 cm, gefettet) ausrollen. Das Backblech in den Backofen schieben und den Boden vorbacken.

Ober-/Unterhitze: etwa 200 °C (vorgeheizt)
Heißluft: etwa 180 °C (vorgeheizt)
Gas: Stufe 3–4 (vorgeheizt)
Backzeit: etwa 15 Minuten.

5 Das Backblech auf einen Kuchenrost stellen. Den Gebäckboden darauf etwas abkühlen lassen.

6 Für den Rührteig Butter oder Margarine mit Handrührgerät mit Rührbesen auf höchster Stufe geschmeidig rühren. Nach und nach Zucker und Vanillin-Zucker unterrühren. So lange rühren, bis eine gebundene Masse entstanden ist. Eier nach und nach unterrühren (jedes Ei etwa $1/2$ Minute).

7 Mehl mit Speisestärke und Backpulver mischen, sieben und in 2 Portionen kurz auf mittlerer Stufe unterrühren. Den Rührteig auf dem vorgebackenen Knetteigboden verteilen. Aprikosenviertel in Reihen dachziegelartig auf den Rührteig legen.

8 Das Backblech wieder in den Backofen schieben und den Kuchen **bei der oben angegebenen Backofeneinstellung in 35–40 Minuten** fertig backen.

9 Das Backblech auf einen Kuchenrost stellen, den Kuchen mit Zucker bestreuen und erkalten lassen.

Apfelkuchen, sehr fein

Klassisch

Für den Rührteig:

250 g Butter oder Margarine
250 g Zucker
1 Pck. Vanillin-Zucker
1 Prise Salz
1 Pck. Finesse Geriebene
Zitronenschale
6 Eier (Größe M)
400 g Weizenmehl
4 gestr. TL Backpulver
2–4 EL Milch

Für den Belag:

1,5 kg Äpfel
50 g zerlassene Butter
50 g Rosinen
40 g abgezogene,
gestiftelte Mandeln

Zum Aprikotieren:

3–4 EL Aprikosenkonfitüre
2 EL Wasser

Zubereitungszeit:

65 Minuten und
40–50 Minuten Backzeit

Insgesamt:

E: 101 g, F: 327 g, Kh: 789 g,
kJ: 27260, kcal: 6513

1 Für den Teig Butter oder Margarine mit Handrührgerät mit Rührbesen auf höchster Stufe geschmeidig rühren. Nach und nach Zucker, Vanillin-Zucker, Salz und Zitronenschale hinzufügen. So lange rühren, bis eine gebundene Masse entstanden ist. Eier nach und nach unterrühren (jedes Ei etwa $1/2$ Minute).

2 Mehl mit Backpulver mischen, sieben und abwechselnd mit der Milch in 2 Portionen kurz auf mittlerer Stufe unterrühren (nur so viel Milch verwenden, dass der Teig schwer reißend von einem Löffel fällt).

3 Den Teig auf ein Backblech (30 x 40 cm, gefettet) geben und glatt streichen.

4 Für den Belag Äpfel schälen, vierteln, entkernen und mehrmals der Länge nach einritzen. Apfelviertel auf den Teig legen und mit Butter bestreichen. Rosinen und Mandeln darauf streuen. Das Backblech in den Backofen schieben.

Ober-/Unterhitze: etwa 180 °C (vorgeheizt)
Heißluft: etwa 160 °C (nicht vorgeheizt)
Gas: Stufe 2–3 (nicht vorgeheizt)
Backzeit: 40–50 Minuten.

5 Das Backblech auf einen Kuchenrost stellen.

6 Zum Aprikotieren Konfitüre durch ein Sieb streichen, mit Wasser in einem kleinen Topf unter Rühren zum Kochen bringen. Den heißen Kuchen sofort damit bestreichen. Kuchen erkalten lassen.

Abwandlung: Statt der Äpfel 2 Gläser gut abgetropfte Sauerkirschen (Abtropfgewicht je 370 g) verwenden, dann den Kuchen nur mit abgezogenen, gehobelten Mandeln bestreuen.

Früchte-Quark-Kuchen

Für Gäste – Gut vorzubereiten

Für den Rührteig:

200 g Butter oder Margarine
150 g Zucker
1 Pck. Vanillin-Zucker
3 Eier (Größe M)
300 g Weizenmehl
2½ gestr. TL Backpulver

Für den Belag:

1–1¼ kg gedünstetes Obst,
z. B. Stachelbeeren,
Sauerkirschen,
Aprikosenhälften
125 g Butter
175 g Zucker
1 Pck. Vanillin-Zucker
4 Eigelb (Größe M)
1 kg Magerquark
abgeriebene Schale und
Saft von 1 Bio-Zitrone
(unbehandelt, ungewachst)
1 Becher (150 g)
Crème fraîche
3–4 EL Weizengrieß
4 Eiweiß (Größe M)

Für den Guss:

2 Pck. Tortenguss, klar
4 EL Zucker
500 ml (½ l) Obstsaft von
dem gedünsteten Obst

Zubereitungszeit:

40 Minuten, ohne Abkühlzeit,
und 60–65 Minuten Backzeit

Insgesamt:

E: 234 g, F: 377 g, Kh: 806 g,
kJ: 32015, kcal: 7647

1 Für den Teig Butter oder Margarine mit Handrührgerät mit Rührbesen auf höchster Stufe geschmeidig rühren. Nach und nach Zucker und Vanillin-Zucker unterrühren. So lange rühren, bis eine gebundene Masse entstanden ist.

2 Eier nach und nach unterrühren (jedes Ei etwa ½ Minute). Mehl mit Backpulver mischen, sieben und in 2 Portionen kurz auf mittlerer Stufe unterrühren.

3 Den Teig in eine Fettfangschale (30 x 40 cm, gefettet) geben und glatt streichen. Die Fettfangschale in den Backofen schieben und den Boden hellgelb vorbacken.

Ober-/Unterhitze: 180–200 °C (vorgeheizt)
Heißluft: 160–180 °C (vorgeheizt)
Gas: etwa Stufe 3 (vorgeheizt)
Backzeit: etwa 20 Minuten.

4 Für den Belag Obst in einem Sieb abtropfen lassen, den Saft dabei auffangen und 500 ml (½ l) davon abmessen.

5 Butter geschmeidig rühren. Nach und nach Zucker, Vanillin-Zucker, Eigelb, Quark, Zitronenschale und -saft, Crème fraîche und Grieß unterrühren. Eiweiß steif schlagen und unterheben.

6 Die Masse auf den vorgebackenen Boden geben und glatt streichen. Das Obst darauf verteilen. Die Fettfangschale wieder in den Backofen schieben und den Kuchen fertig backen.

Ober-/Unterhitze: etwa 180 °C (vorgeheizt)
Heißluft: etwa 160 °C (nicht vorgeheizt)
Gas: Stufe 2–3 (nicht vorgeheizt)
Backzeit: 40–45 Minuten.

7 Das Backblech auf einen Kuchenrost stellen. Den Kuchen erkalten lassen.

8 Für den Guss aus Tortengusspulver, Zucker und Obstsaft nach Packungsanleitung einen Guss zubereiten und auf dem Obst verteilen. Guss fest werden lassen.

Fanta®-Schnitten mit Roter Grütze

Raffiniert – Für Kinder

Für den Rührteig:

4 Eier (Größe M)
250 g Zucker
1 Pck. Vanillin-Zucker
125 ml (1/8 l) Speiseöl
150 ml Fanta Orange
250 g Weizenmehl
3 gestr. TL Backpulver

Für den Belag:

2 Dosen Pfirsichhälften
(Abtropfgewicht je 470 g)
600 ml Schlagsahne
3 Pck. Sahnesteif
5 Pck. Vanillin-Zucker
500 g Schmand (Sauerrahm)

1 Becher (500 g) Rote Grütze
aus dem Kühlregal

Zubereitungszeit:

35 Minuten, ohne Kühlzeit,
und etwa 25 Minuten Backzeit

Insgesamt:

E: 91 g, F: 452 g, Kh: 845 g,
kJ: 32774, kcal: 7808

*®Rezept nicht durch Coca-
Cola autorisiert.*

1 Für den Teig Eier, Zucker und Vanillin-Zucker mit Handrühr-gerät mit Rührbesen auf höchster Stufe schaumig schlagen. Speiseöl und Fanta unterrühren.

2 Mehl mit Backpulver mischen, sieben und in 2 Portionen kurz auf mittlerer Stufe unterrühren. Den Teig auf ein Backblech (30 x 40 cm, gefettet) geben und glatt streichen. Das Backblech in den Backofen schieben.

Ober-/Unterhitze: etwa 180 °C (vorgeheizt)
Heißluft: etwa 160 °C (nicht vorgeheizt)
Gas: Stufe 2–3 (vorgeheizt)
Backzeit: etwa 25 Minuten.

3 Das Backblech auf einen Kuchenrost stellen. Den Gebäckboden erkalten lassen.

4 Für den Belag Pfirsichhälften in einem Sieb abtropfen lassen und in kleine Stücke schneiden. Sahne mit Sahnesteif und 3 Päckchen des Vanillin-Zuckers steif schlagen.

5 Schmand mit dem restlichen Vanillin-Zucker verrühren. Pfirsich-stücke unter den Schmand rühren und die Sahne locker un-terheben. Die Masse gleichmäßig auf den Gebäckboden geben und glatt streichen. Den Kuchen 2–3 Stunden kalt stellen.

6 Kurz vor dem Servieren Rote Grütze als Kleckse (mit Hilfe eines Teelöffels) auf dem Belag verteilen.

Tipp: Statt Pfirsichhälften können auch 2 große Dosen Manda-rinen (Abtropfgewicht je 480 g) verwendet werden. Der Schmand kann auch durch Crème fraîche ersetzt werden.

Apfel-Pflaumenkuchen mit Grießcreme

Fruchtig

Für den Hefeteig:

375 g Weizenmehl
1 Pck. Trockenhefe
50 g Zucker
1 Pck. Vanillin-Zucker
1 Ei (Größe M)
50 g zerlassene,
abgekühlte Butter
200 ml lauwarme Milch

Zum Bestreuen:

100 g Marzipan-Rohmasse

Für die Grießcreme:

500 g Grießpudding
aus dem Kühlregal
1 Eigelb (Größe M)
1 geh. TL Pudding-Pulver
Vanille-Geschmack
oder Speisestärke
1 Eiweiß (Größe M)

Für den Belag:

1 kg Zwetschen oder Pflaumen
4 mittelgroße Äpfel,
z. B. Elstar

Zum Bestreichen:

30 g zerlassene Butter

Zum Aprikotieren:

3–4 EL Pflaumenkonfitüre

Zubereitungszeit:

65 Minuten, ohne Teiggehzeit,
und 40–45 Minuten Backzeit

Insgesamt:

E: 99 g, F: 180 g, Kh: 655 g,
kJ: 19566, kcal: 4679

1 Für den Teig Mehl in eine Rührschüssel sieben, mit Trockenhefe sorgfältig vermischen. Zucker, Vanillin-Zucker, Ei, Butter und Milch hinzufügen.

2 Die Zutaten mit Handrührgerät mit Knethaken zunächst kurz auf niedrigster, dann auf höchster Stufe in etwa 5 Minuten zu einem Teig verarbeiten. Den Teig zugedeckt so lange an einem warmen Ort stehen lassen, bis er sich sichtbar vergrößert hat.

3 Den Teig leicht mit Mehl bestäuben, aus der Schüssel nehmen, auf einer bemehlten Arbeitsfläche nochmals kurz durchkneten und auf einem Backblech (30 x 40 cm, gefettet) ausrollen, einen Backrahmen darumstellen. Marzipan-Rohmasse auf einer Haushaltsreibe grob reiben und auf dem Teig verteilen.

4 Für die Creme Grießpudding in eine Rührschüssel geben. Eigelb und Pudding-Pulver oder Speisestärke unterrühren. Eiweiß steif schlagen und unterheben. Die Creme auf den Teig geben und glatt streichen.

5 Für den Belag Zwetschen oder Pflaumen waschen, abtrocknen, halbieren und entsteinen. Äpfel schälen, vierteln, entkernen und in dicke Spalten schneiden. Apfelspalten und Pflaumenhälften in abwechselnden Reihen dachziegelartig auf den Teig legen und mit der Butter bestreichen. Das Backblech in den Backofen schieben.

Ober-/Unterhitze: etwa 180 °C (vorgeheizt)
Heißluft: etwa 160 °C (nicht vorgeheizt)
Gas: Stufe 2–3 (nicht vorgeheizt)
Backzeit: 40–45 Minuten.

6 Das Backblech auf einen Kuchenrost stellen.

7 Zum Aprikotieren Konfitüre durch ein Sieb streichen, in einem kleinen Topf unter Rühren zum Kochen bringen. Apfelspalten und Pflaumenhälften damit bestreichen. Kuchen erkalten lassen. Backrahmen lösen und entfernen.

Tipp: Der Kuchen kann auch in einer Fettfangschale zubereitet und gebacken werden.

Kapitelregister

Kapitelregister

Alphabetisches Register

Alphabetisches Register

Umwelthinweis Dieses Buch und der Einband wurden auf chlorfrei gebleichtem Papier gedruckt. Die Einschrumpffolie – zum Schutz vor Verschmutzung – ist aus umweltfreundlichem und recyclingfähigem PE-Material.

Wenn Sie Anregungen, Vorschläge oder Fragen zu unseren Büchern haben, rufen Sie uns unter folgender Nummer an 0521 155-25 80 oder 52 06 50 oder schreiben Sie uns: Dr. Oetker Verlag KG, Am Bach 11, 33602 Bielefeld.

Wir danken für die freundliche Unterstützung Coca-Cola, Essen

Copyright © 2004 by Dr. Oetker Verlag KG, Bielefeld

Redaktion Carola Reich, Annette Riesenberg

Titelfoto Thomas Diercks, Hamburg
Innenfotos Thomas Diercks, Kai Boxhammer, Hamburg (S. 5, 9, 11, 13, 17, 19, 23, 29, 33, 37, 41–79, 83, 85, 89–97, 101–107, 111, 115–123)
Brigitte Wegner, Bielefeld (S. 31, 109, 113)
Kramp & Gölling, Hamburg (S. 21, 25, 81, 99)

Foodstyling Eike Upmeier-Lorenz, Herford

Rezeptentwicklung und -beratung Eike Upmeier-Lorenz, Herford
Mechthild Plogmaker, Dr. Oetker Versuchsküche, Bielefeld
Claudia Glünz, Nordhorn

Nährwertberechnungen Nutri Service, Hennef

Grafisches Konzept kontur:design, Bielefeld
Gestaltung kontur:design, Bielefeld
Titelgestaltung kontur:design, Bielefeld

Reproduktionen MOHN Media • Mohndruck GmbH, Güterloh
Satz JUNFERMANN Druck & Service, Paderborn
Druck und Bindung MOHN Media • Mohndruck GmbH, Gütersloh

ISBN 3-7670-0805-X